사고력을 키우는
읽기의 기술

ㄱㄴㄷㄹ

외국인 유학생을 위한 교양 한국어

사고력을 키우는 읽기의 기술

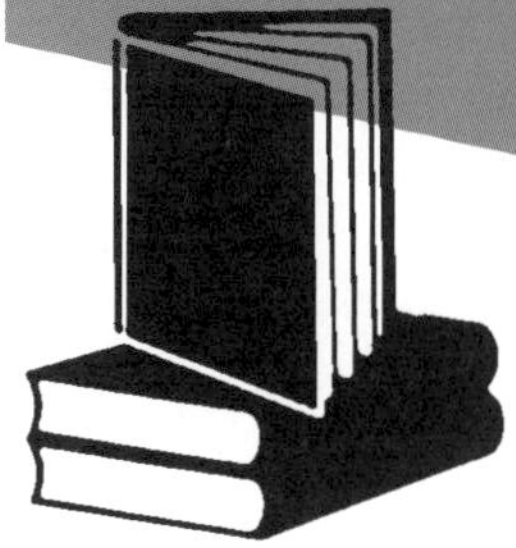

김경훤 김희경 홍은실 오광근 유하라 현원숙 지음

성균관대학교 출판부

최근 한국 대학에서는 유학생 수가 많아짐에 따라 그들의 학업 능력에 대한 관심도 높아지고 있다. 일반 목적의 한국어와 대학에서 필요한 학문 목적의 한국어는 그 내용과 수준에 큰 차이가 있다. 유학생의 원만한 대학 생활을 위해서는 한국어 교육원에서 배웠던 일상생활의 영위를 위한 기초적 한국어 능력만으로는 부족하다. 대학에서 이루어지는 의사소통은 격식적인 상황에서 문어 중심으로 진행되는 특징이 있기 때문이다. 또한 일반교양 지식은 물론 전문 지식을 학습할 수 있는 정도의 한국어 능력도 필요하다. 이러한 언어 능력을 제대로 갖추지 못한다면 유학생들이 대학 생활을 제대로 영위하기 힘들다. 그리고 무엇보다도 대학에서의 수학 능력을 극대화하기 위해서는 학습 언어 능력을 키우는 것이 시급하고 필수적이다.

이러한 문제의식을 바탕으로 성균관대학교 학부대학에서는 〈외국인 유학생을 위한 교양 한국어〉 시리즈를 개발하여 세상에 내놓는다. 이 교재는 유학생들이 대학의 학업을 성공적으로 수행하도록 돕는 데에 목표를 두고 있다. 대학에서 필요한 한국어 의사소통 능력과 함께 학업에 필요한 실제적인 기술들을 중심으로 구성하였으므로 학습 과정 동안 한국어 능력은 물론 학업 능력까지 자연스럽게 향상될 것으로 믿는다.

『사고력을 키우는 읽기의 기술』은 외국인 유학생이 대학에서 수학하는 동안 접하게 되는 다양한 글을 능숙하게 읽을 수 있는 능력을 키울 수 있도록 하였다. 학생들은 글과 읽기 기술에 대한 이해를 바탕으로 탐구 활동을 수행하는 동안 생각하며 읽는 습관을 기르게 될 것이다.

이 책은 기존의 학문 목적 읽기 교재와 비교했을 때 몇 가지 면에서 차이가 있다. 첫째, 대학 수학에서 필요한 읽기의 기술을 집중적으로 다루어 능숙하게 사용할 수 있도록 하였다. 둘째, 여러 갈래의 글, 다양한 주제의 글, 여러 형태의 글을 두루 경험할 수 있도록 가능한 한 실제적인 자료들을 많이 다루었다. 셋째, 탐구 활동에서는 쉬운 글부터 시작하여 점차 어려운 글까지 연습하도록 구성하여, 학습자의 읽기 능력이 점진적으로 향상되도록 하였다.

이 교재는 2014년 1학기에 성균관대학교의 학부대학 내에서 한국어 집중학습 과정이 개설될 때부터 집필하기 시작하였다. 그 학기가 끝날 무렵에 교재가 완성되었지만 유학생을 위해 어떤 수업을 진행할지에 대한 고민으로 한 학기 동안 난상 토론이 진행되었고 2년 이상을 교재 집필에 매달려 이제야 빛을 보게 된 것이다. 아무쪼록 이 교재 시리즈를 통해 유학생들의 학업 능력이 향상되어 한국에서 대학 생활을 만족스럽게 즐기고, 학업 성과도 크게 거두기를 기대한다.

마지막으로, 교재 준비 단계부터 집필의 전 과정에서 작업이 수월하게 진행될 수 있도록 많은 도움을 주신 학부대학 유홍준 학장님과 실무 관계자들께 감사드린다. 또한 저자의 한 사람으로서 이 교재의 집필에 참여해주신 여러 선생님들께 진심으로 감사의 마음을 전한다. 덧붙여 이 교재들은 교육 프로그램과 관련되어 있어서 여러 종류의 교재 출판이 동시에 진행될 수밖에 없었다. 사정이 이러함에도 불구하고 출판 일정, 삽화, 교열 교정까지 꼼꼼하게 점검해 주신 성균관대학교 출판부 관계자 여러분께도 감사드린다.

2016년 8월
공동 저자 대표 김경훤

『사고력을 키우는 읽기의 기술』은 외국인 유학생이 대학에서 수학하는 동안 접하게 되는 다양한 글을 능숙하게 읽을 수 있는 능력을 키우는 데에 목표를 두고 있다. 대학에서의 읽기는 모든 학업에 기본이 되는 활동이며, 지식을 탐구하고, 지식을 고양시키는 활동이다. 그러나 대학의 학술적인 글은 관습적인 구조와 형식을 지니고 있어 모든 문장을 읽어 그 의미를 이해하는 것만으로 제대로 읽었다고 말할 수가 없다. 따라서 외국인 유학생도 학술적인 글을 독자 자신의 목적과 필요에 맞게 읽을 수 있도록 읽기의 기술을 익혀야 할 필요가 있다.

이 책은 외국인 유학생이 핵심적인 읽기의 기술을 익혀 능숙하게 활용할 수 있도록 하는 데 중점을 두었다. 그 과정에서 내용은 물론이고 한국어 글의 구조나 필자의 의도, 그리고 글의 주제에 접근하는 방식 등을 생각할 기회를 갖게 될 것이다.

이 책에서 다루는 글의 일부는 성균관대학의 학술정보관에서 제공하는 각종 도서 목록을 참조하여 선정하였다. 그리고 글의 거시적인 구조를 파악하는 연습을 위해 목차나 도식, 도표 등을 활용하였다.

『사고력을 키우는 읽기의 기술』은 전체 10강으로 구성되어 있다. 각 강은 읽기 기술에 대한 설명, 유형별 탐구 활동으로 크게 나뉜다. 그리고 각 강의 탐구 활동은 발전적 단계가 드러나도록 읽기 지문을 배열하였다.

읽기의 기술

- 읽기의 기술에 대해 핵심적인 사항을 중심으로 기술하였다.
- 독자가 유념해야 할 사항들을 함께 기술하였다.

〈예〉에는 읽기의 기술을 적용할 수 있는 실제적인 글을 제시하였고, 제시된 글에 읽기의 기술을 어떻게 적용할 것인지 상세하게 설명하였다.

글 내용의 거시적 구조를 쉽게 파악하도록 시각 자료(도식, 표 등)로 제시하였다.

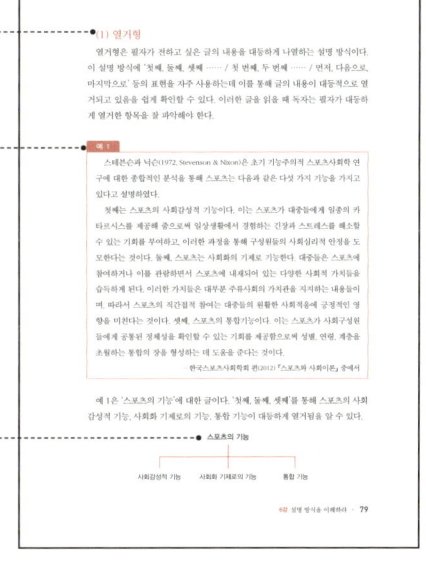

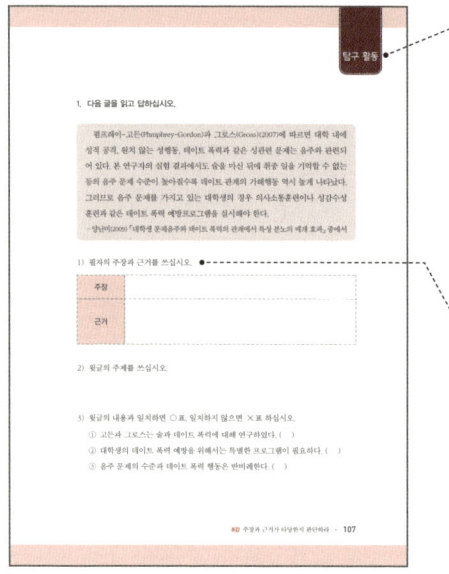

탐구 활동

- 각 강의 탐구 활동은 지문과 확인 문제로 구성하여 제시하였다.

확인 문제는 주제 확인 문제, 기술 적용 문제, 세부 내용 확인 문제의 세 유형으로 구성하였다. 확인 문제는 각 강에서 학습한 읽기의 기술을 적용하는 것에 초점을 두고 구성하였다.

• 목차 •

제1강

글의 성격을
확인하는 데서 시작하라

글의 성격을 확인하는 데서 시작하라

    필자와 독자는 '문자로 된 글'을 통해 의사소통한다. 필자는 글을 통해 자신의 생각이나 감정, 주장이나 견해, 자신이 경험한 정서 등을 표현한다. 그리고 독자는 '문자로 된 글'을 읽으며 글 속에 숨겨진 의미를 파악한 후 공감, 비판, 반박, 수용 등으로 반응한다. 이때 독자가 글의 내용을 무조건적으로 수용하는 태도는 바람직하지 않다. 독자는 필자가 글을 쓴 목적이나 관점을 파악하고 의문을 제기하고 자신의 의견을 제시하면서 비판적으로 글을 읽어야 한다. 이는 글의 성격을 온전히 이해해야 가능하다.

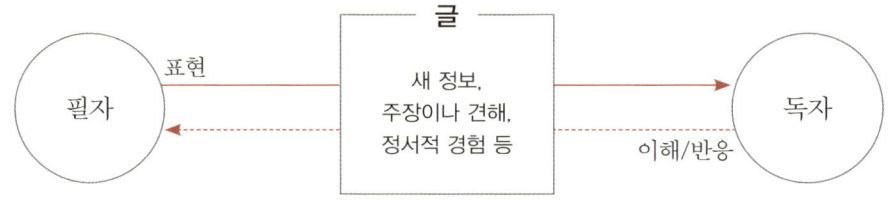

〈필자와 독자의 관계〉

    글은 성격에 따라 (가) 정보를 전달하는 글, (나) 설득을 위한 글, (다) 정서적 경험을 공유하기 위한 글, (라) 친교적 관계를 유지하기 위한 글로 나뉜다.

(가) 정보를 전달하는 글은 독자에게 새로운 사실이나 정보를 제공하기 위한 글로 설명문, 기사문, 보고문, 안내문 등이 있다. 독자가 이러한 글을 읽을 때는 핵심적인 정보를 파악해야 한다.

예 1

'소비자가족학과'는 소비자와 가족의 소비생활수준을 향상시키고 가족 생활의 행복을 증진시키며 궁극적으로 삶의 질을 높이기 위한 실제적인 방안을 모색하고 실생활에 적용하는 방법을 연구하는 학문 분야이다.

'소비자가족학과'에서는 소비자 분석, 소비자 정책, 가족을 중심으로 소비자 문화 특성, 가계 중심의 재무 관리 등을 교과 내용으로 한다.

'소비자가족학과'를 졸업한 후에는 사회, 경제, 문화 여러 분야에서 소비자 분석, 가계 재무 관리, 소비자 정책, 가족지원 그리고 가족문화 전문가로서 활약할 수 있다.

– 성균관대학교 홈페이지 중에서

예 1은 대학의 '소비자가족학과'에 대해 설명하고 있는 글이다. 필자는 1문단에서 '소비자가족학과'의 정의, 2문단에서는 '소비자가족학과'의 교과 내용, 3문단에서는 전공자의 졸업 후 활동 분야에 대한 정보를 전달하고 있다. 이 글의 성격이 정보를 전달하는 글임을 인식한다면 독자는 필자가 전달하고자 하는 핵심적인 정보―소비자가족학과의 정의, 교과 내용, 진로―를 좀 더 쉽게 파악할 수 있다.

(나) 설득을 위한 글은 필자가 자신의 주장이나 견해를 펼쳐 독자의 태도나 생각을 변화시키려는 글로 논설문, 평론, 사설, 광고문, 논문 등이 있다. 독자가 이러한 글을 읽을 때는 무엇보다 필자의 주장을 파악하는 것이 중요하다. 독자는 필자의 논점은 물론 의도가 무엇인지, 주장은 일리가 있는지, 주장을 뒷받침하는 근거는 타당한지를 자신의 생각과 비교하며 비판적으로 읽도록 한다.

운동장, 청소년 활동 시설, 도서관, 어린이 운송용 승합차, 음식점, 제과점, PC방 등의 공공장소에서 흡연을 금지하는 법은 계속 유지되어야 한다. 흡연자 옆에서 담배 연기를 함께 맡는 간접흡연을 2차 흡연이라고 하는데 2차 흡연은 혈관 내벽의 손상, 청력 손상, 뇌졸중 발생 확률 증가 등을 야기한다. 그뿐만 아니라 담배를 피웠던 공간에 있거나, 다른 장소에서 담배를 피운 사람과 함께 있는 것만으로도 피해를 입는데 이를 3차 흡연이라고 한다. 3차 흡연으로 인해 지방간, 만성 기침, 과잉행동 장애 등이 나타난다고 한다. 이처럼 2차, 3차 피해를 입히는 흡연은 사회적 약자와 불특정 다수가 이용하는 공공장소에서만큼은 금지해야 한다.

예 2는 공공장소에서 흡연을 금지하는 법을 계속 시행해야 한다고 주장하고 있다. 독자는 글을 읽으며 과연 이러한 주장이 과연 일리가 있는지를 따져봐야 한다. 그리고 이러한 주장을 뒷받침하기 위해 필자가 제시하고 있는 근거―2차 흡연과 3차 흡연의 피해―가 타당한지를 비판적으로 생각해야 한다.

(다) 정서적 경험을 공유하기 위한 글은 필자가 사건이나 사물을 통해 받은 느낌이나 감동, 교훈을 전하는 글로 시, 수필, 감상문 등이 있다. 독자는 이러한 문학 작품을 읽을 때 글의 배경이나 분위기를 파악하여 필자가 제시하는 작품의 주요한 정서, 태도, 일상생활에서 느낀 교훈이나 소소한 깨달음 등을 파악하도록 한다.

나 보기가 역겨워
가실 때에는
죽어도 아니 눈물 흘리오리다.

― 김소월(1922) 「진달래꽃」 중에서

예 3은 김소월의 시이다. '나'는 자신을 떠나가는 사람에게 슬프지만 눈물을 흘리지 않겠노라고 말하고 있다. 독자는 시를 읽으며 사랑하는 사람을 보내는 슬품의 정서를 경험하게 된다.

　(라) 친교적 관계를 유지하기 위한 글은 필자가 독자와의 관계를 긍정적으로 유지하기 위해 쓰는 글로 편지, 초대장, 연하장, 쪽지, 이메일 등이 있다. 독자는 이러한 글을 읽을 때 먼저 글을 보낸 사람과 받는 사람을 확인한 후 그들의 관계와 글을 쓴 용건을 파악하도록 한다.

예 4

　주미에게

　그동안 잘 지냈어? 배낭여행은 잘하고 왔어?

　네가 빌려 준 노트를 어떻게 전할까 고민하다가 너네 고향 주소로 보낸다. 네 덕분에 무사히 기말 시험을 볼 수 있었어. 무척 고맙다. 개강하면 학교에서 내가 밥 한번 살게. 건강하게 방학 잘 지내.

　　　　　　　　　　　　　　　　　　　　　　　　　　　　　　– 지인

　예 4는 지인이라는 사람이 주미라는 친구에게 노트를 우편으로 보내면서 함께 쓴 짧은 편지이다. 노트를 우편으로 보내게 된 이유, 고마움의 표현 등이 이 편지의 주된 용건이다.

1. 다음 글을 읽고 답하십시오.

> 중세 대학의 교수 방법으로 〈강의〉와 〈토론〉의 두 가지 방식이 있었다. 교수가 정해진 글의 내용을 해설하는 〈강의〉 과목 이상으로 〈토론〉 과목도 중요시되었다. 교수가 주제를 미리 정하고 공개적으로 널리 알린다. 교수는 이론(異論)에 대해 반론하고 결론까지 내린다. 그 결론에 대해서도 반대 의견이 제기된다. 파리대학 학습법의 핵심은 원문 읽기부터 시작하여 질문하고, 질문에 대해 학생들은 스스로 생각하고 자신의 생각을 문장으로써 표현하는 훈련을 한다. 중세 대학의 교수 방법은 현대 대학에서 그대로 이어지고 있다. 중세 대학의 가장 큰 유산은 합리적 토론과 논리적 사고를 학문의 자세로 만들었다는 점이다.
>
> – 이광주(2013) 『대학의 역사』 중에서

1) 윗글의 성격과 관계가 있는 것에 표시하십시오.

☐ 정보 전달을 위한 글   ☐ 정서적 경험을 공유하기 위한 글

☐ 설득을 위한 글   ☐ 친교적 관계를 유지하기 위한 글

2) 윗글에서 얻을 수 있는 정보는 무엇입니까?

3) 윗글의 중심 내용을 말하십시오.

4) 윗글의 내용과 일치하면 ○표, 일치하지 않으면 ×표 하십시오.

① 중세 대학에서는 원문 읽기와 문장 쓰기를 중시했다. (   )

② 파리대학 학습법의 핵심은 학생 스스로 생각하고 표현하는 데 있다. (   )

③ 중세 대학은 합리적 토론과 논리적 사고 함양에 목표를 두었다. (   )

④ 중세 대학의 학문의 자세는 현대 대학에서도 발견된다. (   )

2. 다음 글을 읽고 답하십시오.

〈현대어〉　묏버들 꺾어 보내는구나 임의 손에
　　　　　주무시는 창 밖에 심어두고 보소서
　　　　　밤비에 새 잎 나오면 나라고 여겨주소서

〈원문〉　　묏버들 갈히 것거 보내노라 님의 손디
　　　　　자시는 창밧긔 심거두고 보소서
　　　　　밤비에 새닙곳나거든 날인가도 너기소서

- 홍랑의 시조

1) 윗글의 성격과 관계가 있는 것에 표시하십시오.

| □ 정보 전달을 위한 글 | □ 정서적 경험을 공유하기 위한 글 |
| □ 설득을 위한 글 | □ 친교적 관계를 유지하기 위한 글 |

2) 윗글에서 '나'는 어떤 상황에 있습니까?

3) 윗글에 나타난 '나'의 정서에 대해 자유롭게 말해 봅시다.

3. 다음 글을 읽고 답하십시오.

계수님께

겨울 준비를 하느라고 비닐을 쳐서 바람창을 막고 작업장에 칸막이를 하는 등 서툰 목수일을 하다가 망치로 검지손가락을 때려 하는 수 없이 손톱 한 개를 뽑았습니다. 언젠가의 계수님의 여름처럼 불편한 한 주일이 될 것 같습니다. 손가락의 아픔보다는 서툰 망치질의 부끄러움이 더 크고, 서툰 솜씨의 부끄러움보다는 제법 일꾼이 된 듯한 흐뭇함이 더 큽니다. 더러 험한(?) 일을 하기도 하는 징역살이가 조금씩 새로운 나를 개발해 줄 때 나는 발 밑에 두꺼운 땅을 느끼듯 든든한 마음이 됩니다.

형님, 형수님 오셔서 이런저런 이야기 나누었습니다. 짧은 시간에 많은 이야기, 작은 가방에 많은 물건을 넣은 듯 두서 없긴 하지만 창문 하나 더 열어 준 셈은 됩니다.

생남(生男)을 축하합니다. 낳을까 말까, 낳을까 말까 하다 낳은 놈이라 필시 대단한 녀석이 되리라 생각됩니다.

1981. 11. 19.

– 신영복(1993) 『감옥으로부터의 사색』 중에서

1) 윗글의 성격과 관계가 있는 것에 표시하십시오.

☐ 정보 전달을 위한 글	☐ 정서적 경험을 공유하기 위한 글
☐ 설득을 위한 글	☐ 친교적 관계를 유지하기 위한 글

2) 윗글에서 필자와 '편지를 받는 사람'은 어떤 관계입니까?

3) 윗글에서 필자가 편지를 쓴 목적은 무엇입니까?

4. 다음 글을 읽고 답하십시오.

1. 사업 목적
   - 우수한 유학생이 중도 탈락하지 않고 학업을 마치도록 경제적, 정서적 지원 제공함.

2. 지원 대상
   - 국내 대학교에 진학한 개발도상국가 유학생 (학부생만 가능)
   - 경제협력개발기구(OECD) 개발원조위원회(DAC)의 공적개발(ODA) 국가에서 유학 온 학생(〈붙임〉 참조)
   - 국내 4년제 대학교 2, 3, 4학년에 재학 중인 자로 졸업까지 2학기 이상 남은 학생
   - 직전 학기 15학점 이상 이수자로 100점 만점의 70점 이상의 성적을 취득한 자
   - 재단 별도 계획에 의해 시행하는 봉사활동에 참여가 가능한 자(연 2회 이상)

3. 지원 절차
   장학생 모집공고(10개 협력대학) ▶ 국제교류팀으로 제출(신청서 접수) ▶ 장학재단(심사위원회 심사) ▶ 장학금 지원(결정 통보)

4. 신청 기간: 3월 27일(금) 17:30까지

5. 접수 방법: 소속캠퍼스 국제교류팀(국제관 212호)으로 방문 제출, 자세한 사항은 국제교류팀에 문의하시기 바람.

〈붙임〉 공적개발원조(ODA) 국가 리스트.hwp

1) 윗글의 성격과 관계가 있는 것에 표시하십시오.

> ☐ 정보 전달을 위한 글   ☐ 정서적 경험을 공유하기 위한 글
>
> ☐ 설득을 위한 글   ☐ 친교적 관계를 유지하기 위한 글

2) 윗글의 내용을 포괄할 수 있는 글의 제목을 쓰십시오.

    제목: _____

3) 윗글에서 얻을 수 있는 정보는 무엇입니까?

4) 윗글의 내용과 일치하면 ○표, 일치하지 않으면 ✕표 하십시오.

    ① 국외 유학 중인 한국인 유학생을 대상으로 하는 공고이다. (　　)

    ② 석사나 박사 과정에 재학 중인 외국인 유학생도 지원할 수 있다. (　　)

    ③ 지난 학기에 13학점을 이수했다면 지원할 수 없다. (　　)

    ④ 장학금 신청 서류는 장학 재단에 우편으로 송부해도 된다. (　　)

5. 다음 글을 읽고 답하십시오.

사형 제도는 흉악범의 인권을 침해하는 것이 아니라 오히려 존중하는 제도라고 볼 수 있습니다. 자신 때문에 무고하게 희생된 사람들에게 자신 역시 생명을 바쳐 용서를 구함으로써 존엄한 인간으로서의 품위를 다시 회복할 수 있도록 만들기 때문입니다. 단지 동물적인 생명을 유지하는 것보다 사형을 통해 속죄함으로써 흉악범은 그의 인간다움을 실현할 수 있을 것입니다. 민주주의 사상의 기초를 세운 홉스와 로크와 루소, 그리고 인간의 존엄성을 역설했던 철학자 칸트 역시 사형 제도를 인정했다는 사실 또한 상기할 필요가 있습니다. 사형 제도로 흉악 범죄를 모두 없앨 수도 없고, 오판에 의한 억울한 죽음마저 발생할 수도 있습니다. 그럼에도 불구하고 사형 제도는 유지되어야 합니다. 사람들이 자신의 행위에 대해 기꺼이 책임지는 사회라야만 진짜 인권을 말할 자격이 있는 도덕적인 사회이기 때문입니다.

– 김범묵 · 윤영아(2011) 『소통을 꿈꾸는 토론학교 사회 · 윤리』 중에서

1) 윗글의 성격과 관계가 있는 것에 표시하십시오.

☐ 정보 전달을 위한 글	☐ 정서적 경험을 공유하기 위한 글
☐ 설득을 위한 글	☐ 친교적 관계를 유지하기 위한 글

2) 윗글에서 필자의 입장이 드러나는 부분을 찾아 정리하십시오.

3) 윗글의 내용과 일치하면 ○표, 일치하지 않으면 ✕표 하십시오.

① 사형 제도는 살인범의 인권을 존중하는 제도이다. 왜냐하면 사형을 통해 피해자에게 속죄하여 그의 인간다움을 지킬 수 있기 때문이다. (　　)

② 인간의 존엄성을 설파한 로크와 루소도 사형 제도를 인정했다. (　　)

③ 오판으로 억울하게 죽는 사람들을 생각하여 사형 제도를 없애야 한다. (　　)

④ 도덕적인 사회는 자신의 행위에 대해 책임을 지는 사회이다. (　　)

제2강

글의 구조를 파악하라

글의 구조를 파악하라

우리가 글을 잘게 쪼개면 글이란 것이 몇 개의 단락 또는 몇 개의 문장으로 구성된 것임을 알 수 있다. 글을 이루는 모든 단락은 하나의 주제와 관련이 있으며 글의 구조를 구성한다. 독자가 글의 구조를 정확하게 이해하면 글의 주제나 중요한 내용 정보를 좀 더 효과적으로 파악할 수 있다.

글은 처음, 중간, 끝(3단)의 완결된 구조를 지니는 것이 일반적인데 4단, 5단으로 확장되거나 처음을 생략하고 중간과 끝의 2단 구조로 축소되기도 한다. 학술적인 글에는 주로 서론, 본론, 결론의 3단 구조 또는 본론이 확장된 4단 혹은 5단 구조가 쓰인다. 이와 달리 문학 작품에는 기서결(起敍結, 3단)이나 기승전결(起承轉結, 4단) 또는 발단, 전개, 위기, 절정, 결말(5단)의 구조가 쓰인다.

학술적인 글에 주로 쓰이는 서론, 본론, 결론의 3단 구조를 중심으로 볼 때, 서론은 이 다음에 전개될 내용에 대한 도입의 역할을 담당하며, 본론은 주제와 관련된 구체적인 내용을 전개하는 역할을 담당한다. 그리고 결론은 본론에서 논의한 내용을 종결 즉 마무리하는 역할을 담당한다.

'서론'은 '머리말', '문제 제기', '들어가기', '도입' 등으로 표현하기도 하며, 본론은 '본론'이라는 표현을 그대로 드러내지 않고 구체적인 내용을 보여 주는 소제목을 사용한다. '결론'은 '맺음말', '요약 및 제언', '마무리' 등으로 표현한다.

〈글의 기본 구조〉

처음		중간		끝
서론	–	본론	–	결론
도입		내용 전개		종결

(1) 서론

서론은 '글을 여는 부분' 또는 '주제로 끌어들이는 부분'(도입)으로 글의 첫머리에 위치한다. 학술적인 글에서 서론은 주로 주제와 관련된 현황을 제시하거나 문제를 제기한 후, 글의 목적과 논의의 필요성을 밝히고, 앞으로 올 내용을 안내한다.

예 1

> 출산율의 저하로 고령화가 심화되고 있다. 하지만 피부로 직접 느낄 수 있을 만큼 심각한 문제에 직면하지 않고 있기 때문에 대부분 고령화 문제의 심각성을 알지 못한다. 그러므로 고령화 사회에 직면하기 전에 고령화의 실태에 대해 확인할 필요가 있다. 본고에서는 고령화의 실태와 그 문제점을 구체적으로 살펴보고자 한다.

예 1은 고령화에 대한 글의 서론 부분이다. 예 1의 내용은 크게 4부분으로 나뉜다. 필자는 고령화가 심각해지는 현황을 제시하고, 또한 대부분의 사람들이 현재의 상황에서 고령화 문제의 심각성을 알지 못하는 문제점을 제기했다. 필자는 이러한 문제로 인해 고령화에 대해 논의할 필요가 있음을 언급한 후, 본론에서 다룰 내용이 '고령화 실태와 문제점'이며, 그것이 글을 쓰는 목적이라고 밝히고 있다.

(2) 본론

본론은 '글의 내용을 펼치는 부분' 또는 '본격적으로 주제를 다루는 부분'으로 주제와 관련된 이론적 배경이나 현황 등을 설명하고, 필자의 주장과 견해를 구체적으로 제시한다. 본론은 여러 개의 하위 소주제로 구성되므로 독자는 이들 간의 관계를 통해 글의 구조를 파악하도록 한다.

예 2

예술의 이해

1. 서론
2. 예술 분야
   2.1. 영화
   2.2. 미술
   2.3. 문학
3. 결론

예 2는 '예술의 이해'라는 글의 목차이다. 독자는 본론에 해당하는 '2. 예술 분야'의 소주제를 찾아내면 글 전체 내용을 파악할 수 있다. 이 글은 2.1에서 영화를 다루고, 2.2에서는 미술을, 2.3에서는 문학을 다루고 있다. 본론에서 예술의 분야 중 영화, 미술, 문학을 대등하게 다루고 있다.

예 3

주거 공간의 특성

1. 들어가기
2. 한옥
   2.1. 재료
   2.2. 공간 배치
3. 다가구형 주택
   3.1. 재료
   3.2. 공간 배치
4. 나가기

예 3은 '주거 공간의 특성'을 다룬 글의 목차이다. 2장부터 3장까지가 본론 부분으로, 각 절에서 재료와 공간 배치를 기준으로 2장에서는 한옥, 3장에서는 다가구형 주택을 다루고 있는데 이를 통해 한옥, 다가구형 주택의 공통점과 차이점을 비교, 대조하여 설명한다.

예 4

> 주거 공간 변화의 원인
>
> 1. 시작하는 말
> 2. 1인 가구의 증가
>   가) 주거형 오피스텔
>   나) 도시형 생활주택
> 3. 성역할 변화
>   가) 사랑방의 축소
>   나) 주방의 확장
> 4. 맺음말

예 4는 '주거 공간 변화의 원인'이란 글의 목차로 인과 관계를 통해 주거 공간을 설명하고 있다. 1인 가구가 증가한 것이 원인이 되어 가)~나)에 걸쳐 주거형 오피스텔, 도시형 생활주택 등 다양한 형태의 주거 공간이 등장하였음을 2장에서, 주거 공간에 성역할의 변화가 반영되었음을 3장에서 설명하고 있다.

예 5

> 도시 문제와 대책
>
> 1. 서론
> 2. 과밀집화된 도시
> 3. 도시 발달로 인한 문제
>   1) 주거의 불안정
>   2) 교통 체증의 증가
>   3) 인간관계의 피폐화
> 4. 도시 문제 해결을 위한 방안
>   1) 신도시 개발
>   2) 교통 체계 정비
>   3) 공동체 의식 함양
> 5. 결론

예 5는 도시의 발달로 인해 인구, 물자 등의 자원이 도시에 집중되고 있는 현황을 2장에서 논한 후, 그로 인해 야기되는 여러 문제들을 3장에서 다루고 있다. 그리고 4장에서는 3장에서 다룬 문제를 해결하기 위한 방안을 제시하고 있다. 이처럼 본론에서는 다양한 방법으로 내용을 전개할 수 있다.

(3) 결론

결론은 '글을 맺는 부분'으로 글의 끝머리에 위치한다. 학술적인 글에서 결론은 주로 본론 내용을 요약하거나, 핵심적인 내용이나 필자의 중심 생각을 재차 강조하기도 한다. 주제와 관련하여 전망이나 제언을 덧붙이기도 한다.

예 6

> 지금까지 고령화의 실태와 그 문제점을 구체적으로 살펴보았다. 저출산 문제를 해결하지 않는다면 고령화 현상은 더욱 심각해질 것이다. 앞으로 저출산 문제를 해결할 수 있는 방안을 구체적으로 모색할 필요가 있다.

예 6은 '고령화'에 대한 글의 결론 부분이다. 본론에서 살펴본 내용이 고령화 실태와 그 문제점이라는 것을 다시 한 번 밝힌 후, 저출산 문제를 해결하지 않으면 고령화 현상이 심각해질 것이라는 앞으로의 전망을 제시하고 있다. 저출산 문제 해결 방안을 모색하자고 제언하면서 글을 마치고 있다.

우리는 서론과 결론에서 각각 자주 쓰이는 표현을 통해 글의 내용을 좀 더 용이하게 파악할 수 있다.

서론	현황 제시	– 은/는 현상이 나타나고 있다 – 은/는 상황이 전개되고 있다 – 은/는 경향이 있다 – 은/는 추세에 있다 등
	문제 제기	– 에 대해 알려진 바가 적다 – 에 대한 논의가 부족하다 등
	글의 목적 제시	– 고자 한다 – 을/를 논하고자 한다 – 려고 한다 – 을/를 분석하고자 한다 – 을/를 고찰해 보겠다 – 데에 목적이 있다 – 을/를 검토할 것이다 – 을 밝히고자 한다 등
	논의의 필요성 제기	– 기 위해서는 – 이/가 필요하다 – 기 위해서는 – 아/어야 하다 등
	향후 내용 안내	본고에서는 – , – , – 등을 논의하고자 한다. 2장에서는 – 을/를 살펴보고, 3장에서는 – 을/를 분석한 후, 4장에서는 – 을/를 제시 하고자 한다.
결론	결론 시작	그러므로, 따라서, 결론적으로, 마지막으로 등
	요약	– 을/를 살펴보았다 – 을/를 분석하였다 – 을/를 모색하였다 요약하면, 종합하면 – 을/를 파악하였다 지금까지, 이제까지 등 – 을/를 종합하였다
	전망	앞으로 – 할 것으로 보인다 – 할 것으로 예상한다 향후 – 할 것으로 예상된다 – 할 전망이다 등 – 할 것이라고 기대한다
	제언	– 하는 것이 바람직하다 – 을/를 모색해야 한다 – 할 것을 제안한다 – 할 필요가 있다 등 – 을/를 제언하고자 한다

1. 다음 글을 읽고 답하십시오.

> 　최근 1인 1로봇이라는 말을 할 만큼 로봇의 실용화에 대한 관심이 높아졌다. 그러나 로봇 사용의 편리함 이외에 아직 로봇 사용의 단점이나 위험성은 물론 로봇의 특성에 대해서도 정확히 알려진 바가 적다. 이에 본고는 로봇의 유래, 로봇의 종류, 로봇 사용의 장단점을 자세히 밝히고자 한다.

1) 윗글의 구조와 관계가 있는 것에 표시하십시오.

☐ 서론	☐ 본론	☐ 결론

2) 윗글의 내용을 아래에 정리하십시오.

현황	
	로봇 사용의 편리함 이외에 단점, 위험성, 특성 등에 대해 알려진 바가 적음.
글의 목적	

2. 다음 글을 읽고 답하십시오.

> 기상청에 따르면 지난해 12월 미세먼지 고농도 횟수는 지난해에 비해 7배 이상 증가하였다. 특히 서풍이나 북서풍이 불 때 국내 미세먼지 농도가 평균 44.5%나 증가했다고 한다. 미세먼지에는 유해물질이나 중금속이 섞여 있어 장기간 노출될 경우 인체에 치명적인 영향을 끼친다. 그러나 바람을 타고 공기 중에 섞여 있는 미세먼지를 원천적으로 차단하기가 어렵다. 대신 미세먼지의 농도를 낮추는 대책이 시급하다. 과연 미세먼지의 농도를 낮출 수 있는 방법은 없을까?

1) 윗글의 구조와 관계가 있는 것에 표시하십시오.

☐ 서론	☐ 본론	☐ 결론

2) 윗글의 내용을 아래에 정리하십시오.

현황	
	인체에 치명적인 영향을 끼치는데 원천적인 차단이 어려움
글의 목적	

3 다음 글을 읽고 답하십시오.

> 본고의 구성은 다음과 같다. 우선 제1장에서 글로벌 금융 위기의 원인을 살펴보고, 다음 제2장에서는 그것으로 인해 발생한 문제점을 살펴보며, 마지막으로 제3장에서는 국제 금융 정책의 바람직한 방향을 모색해 보고자 한다.

1) 윗글의 구조와 관계가 있는 것에 표시하십시오.

□ 서론	□ 본론	□ 결론

2) 윗글의 내용을 아래에 정리하십시오.

목차

1장

2장

3장

4. 다음 글을 읽고 답하십시오.

> 컴퓨터상에 가상의 X축, Y축, Z축으로 입체 공간을 만들고, 그 공간에서 3차원 모델이나 캐릭터를 등장시켜 움직임을 재현한 것을 3D 컴퓨터 애니메이션이라고 한다. 우주 탐험, 군사 프로젝트, 의학 연구, 교육용 교재, 인터넷과 게임 등에서 발전해 온 3D 컴퓨터 애니메이션은 테크놀로지의 발전과 병행하여 미학적 도전을 계속해 왔다.
>
> — 이용배(2003) 『애니메이션의 장르와 역사』 중에서

1) 윗글의 구조와 관계가 있는 것에 표시하십시오.

☐ 서론	☐ 본론	☐ 결론

2) 윗글의 내용을 아래에 정리하십시오.

내용 1	3D 컴퓨터 애니메이션의 개념
내용 2	

5. 다음 글을 읽고 답하십시오.

> 요약하면 미세먼지를 차단하기 위해서는 먼저, 화석 연료를 사용하는 산업 구조를 바꾸고 다음으로 자동차의 배기가스를 줄이는 노력을 해야 한다. 무엇보다도 정부의 적극적이고 실질적인 대책이 마련되어야 할 것이다.

1) 윗글의 구조와 관계가 있는 것에 표시하십시오.

☐ 서론	☐ 본론	☐ 결론

2) 윗글의 내용을 아래에 정리하십시오.

요약과 강조	

6. 다음 글을 읽고 답하십시오.

> 　최근 각광받기 시작한 웨어러블 디바이스(Wearable device)를 알아볼 필요가 있으므로 우선 서론에서 유래와 개념을 간단하게 살펴보았다. 그리고 웨어러블 디바이스의 유형과 기능을 분석하였다. 우선 형태에 따라 스마트 글라스(Smart glass), 스마트 워치(Smart watch), 스포츠밴드(Sports/fitness bands), 기타 등으로 분류한 후, 각 유형별 기능을 분석하였다. 다음으로 웨어러블 디바이스를 위해 보완되어야 하는 배터리 기술, 부품 소형화, UI(User Interface) 기술 등을 점검하였다. 이러한 기술 발전을 바탕으로 기업은 소비자 니즈를 반영하여 제품을 개발하고, 정부는 웨어러블 디바이스 시장을 지원할 수 있는 정책을 마련하는 등의 환경이 마련되어야 향후 웨어러블 디바이스 시장이 성장할 수 있다.

1) 윗글의 구조와 관계가 있는 것에 표시하십시오.

□ 서론	□ 본론	□ 결론

2) 윗글의 내용을 포괄할 수 있는 글의 제목을 쓰십시오.

제목: _____

3) 윗글의 내용을 아래에 정리하십시오.

목차

1   웨어러블 디바이스의 유래와 개념

2.

    2.1.

    2.2.

    2.3.

    2.4.

3.

    3.1.

    3.2.

    3.3.

4. 결론

7. 다음 글을 읽고 답하십시오.

(가) '경기가 좋다', '경기가 나쁘다'라는 말을 자주 듣게 되는데, 어떤 때를 두고서 우리는 '경기가 좋다' 즉 호경기라는 말을 하게 되는 것일까?

(나) 우선 쉽게 눈에 띄는 몇 가지 사실을 살펴보면 일이 바쁘다, 가정에서 아버지의 일이 바빠진다, 아버지의 수입이 는다, 물건을 더 사고 싶다, 세금이 는다와 같은 상황이 생기면 우리는 "어쩐지 경기가 좋은 것 같다"라는 느낌을 가진다. 경제 사회가 세 가지의 경제 주체로 이루어져 있는 이상, 가정뿐만 아니라 국가나 기업 차원에서도 경기가 좋다는 사실을 파악할 수 있는 지표가 있어야 한다.

(다) 기업의 경우에는 이익률의 향상이 그 지표가 된다. 경기가 좋을 때 소비자는 값이 다소 비싸더라도 물건을 사게 되므로 이익률이 높아진다. 또 소비자의 기호도 다양해져 신상품을 찾게 되므로 새로운 자금을 사업을 확장하거나 다변화하는 데 재투자하게 된다. 이로 인해 노동력에 대한 수요도 늘어나 고용이 증대하게 된다. 이렇게 돼서 소비가 더욱 더 촉진된다. 국가의 '소득세'나 '법인세' 등의 세수입이 늘어난다. 또한 기업의 활동이 활발해져서 결국 금리가 올라간다. 나아가 해외 무역이 잘 되어 원화 가치가 상승한다.

(라) 이상에서 우리는 경기가 가정·기업·국가로 이루어진 경제 주체 상호 간에 밀접하게 연결되어 나타남을 알 수 있다.

– 김상조(2001) 『손바닥경제』 중에서

1) 윗글을 세 단락으로 나누십시오.

서론	본론	결론

2) 윗글의 내용을 포괄할 수 있는 글의 제목을 쓰십시오.

제목: _____

3) 본론의 내용을 아래에 정리하십시오.

경제 주체	호경기의 지표
가정	가정에서 아버지의 일이 바빠진다. ⓒ _____ 물건을 더 사고 싶다. ⓓ _____
ⓐ _____	ⓔ _____ 새로운 자금을 사업을 확장하는 데 재투자한다. 새로운 자금을 사업을 다변화하는 데 재투자한다. ⓕ _____
ⓑ _____	세수입이 늘어난다. ⓖ _____ 원화 가치가 상승한다.

제3강

단서를 활용하여
글의 내용을 파악하라

3강
단서를 활용하여 글의 내용을 파악하라

글을 읽는 방법 중 하나는 의미를 생각하며 처음부터 자세히 읽어나가는 것이다. 우리는 이를 정독이라고 한다. 그리고 건너뛰는 부분 없이 처음부터 끝까지 모두 읽는 것을 통독이라고 한다. 정독이나 통독은 글의 내용을 정확하게 파악하는 데에 도움이 되는 읽기 방법이다. 그런데 독자가 모든 글을 항상 정독이나 통독으로 읽을 수는 없다. 독자가 시간적으로 여유를 가지고 글을 읽을 수 없다거나 자기의 기호나 수준에 맞지 않더라도 부득이 읽어야 하는 경우가 있기 때문이다. 글의 성격이나 상황에 따라 적절한 읽기 방법을 적용할 수 있다면 읽기에 대한 부담도 한결 줄어들 것이다. 여기에서는 전공 서적과 같이 긴 글을 읽을 때에 글의 전체 내용을 쉽게 파악할 수 있는 단서를 활용하는 방법을 살펴볼 것이다.

글의 전체 내용을 파악할 수 있는 첫 번째 단서는 글의 제목과 서명이다. 제목은 그 글의 주제나 핵심어를 담고 있으므로 글이 어떠한 내용을 담고 있는지 그리고 어떠한 방향으로 주제가 전개되고 있는지를 추측하는 데에 도움이 된다.

예 1

『경영학 총론』   『경영학 실무』   『현대문학입문』   『한국문학통사』

예 1은 경영학과 현대문학과 관련된 책의 제목이다. 『경영학 총론』, 『경영학 실무』는 모두 경영학을 다룬다. 하지만 전자는 전반적인 이론을, 후자는 실무와 관련된 경영의 실제를 다룬다. 또한 『현대문학입문』과 『한국문학통사』는 모두 문학을 논하는 책이다. 그러나 전자는 현대문학의 기초적인 이론을, 후자는 한국문학 전반을 역사적으로 다룬다. 우리가 이처럼 제목을 훑어 읽으면 글의 주제와 방향을 추측할 수 있다. 독자가 현대문학과 관련하여 기본적인 정보를 알고 싶다면 책 제목에 '현대문학', '입문', '기초', '개론' 등의 단어가 들어간 책을 골라 읽으면 된다.

전공 서적명에 자주 쓰이는 단어

- 전공의 기본 내용을 넓게 다룰 때: 개론, 입문, 기초
- 전공의 전반적인 내용을 다룰 때: 이해, 총론, 원론, -론
- 전공의 심화 내용이나 실무적인 내용을 다룰 때: 원리, 실습, 실무, 실험, -론
- 특정 분야에 관하여 역사적으로 살필 때: 통사, -사, 흐름

두 번째 단서는 글의 목차이다. 목차는 글의 전체 내용을 체계적으로 정리해 놓은 것이다. 독자는 목차를 통해 글의 구체적인 내용에 대한 정보와 그 위치를 얻을 수 있고, 핵심어나 필요한 부분을 보다 빠르게 찾을 수 있다. 그러므로 독자는 목차에서 파악한 핵심어나 내용 정보를 본문의 내용과 연결하면서 읽으면 글의 내용을 정확하게 이해할 수 있다.

예 2

스토리텔링, 교육을 아우르다

1장 서문

2장 스토리텔링 교육의 시작

　1) 스토리텔링이란?

　2) 학습과 스토리텔링

　3) 감정과 행동을 바꾸는 스토리텔링

　예 2는『스토리텔링, 교육을 아우르다』의 목차이다. 우리는 제목을 통해 이 글이 '스토리텔링'과 '교육'의 통합에 대한 것임을 알 수 있다. 그리고 목차를 훑어 읽으면 스토리를 만드는 방법과 절차, 스토리로 표현하는 방법, 스토리텔링을 활용한 실제 수업 사례 등의 내용이 이 글에 구체적으로 제시되고 있음을 확인할 수 있다. 우리가 스토리텔링이 무엇인지, 그리고 스토리텔링을 실생활에 어떻게 적용시킬지 알고 싶다면 2장 1절과 5장을 읽으면 된다. 이처럼 목차를 통해 구체적인 내용에 대한 정보와 위치를 알 수 있다.

전공 서적의 목차에 자주 쓰이는 단어

서설, 개관, 유래, 개요, 개념, 정의, 동향, 의의, 효과, 영향, 결과, 조직, 절차, 본질, 요인, 접근, 변천, 변화, 기능, 모형, 체계, 구조, 유형, 학설 등

　세 번째 단서는 서문이다. 책의 서문에서 책의 내용을 간략하게 소개하는 경우가 많다. 그리고 서문에는 글의 배경, 글을 쓴 목적, 글의 구성 등 다양한 정보가 들어간다. 이런 경우 독자는 서문을 읽으면 책의 전체 내용을 쉽게 파악할 수 있으며, 필요한 정보의 유무를 확인할 수 있다.

문화란 인간이 집단을 이루어서 살아가는 삶을 말하는 것이다. 그 삶이 표현하고 있는 행위와 행위를 이루어 내는 전 과정의 사고, 그리고 그에 관련된 삶의 현상을 문화라고 말하는 것이다. 인류학자들이 말하는 문화란 것은 삶이란 단어와 혼동되어도 별문제 없다. 〈중략〉 이 책은 초판에 네 편의 글을 추가해 기초적인 문화 이론서로서의 모습을 갖추려 시도하였다. 1장부터 6장까지는 문화이론 내지 문화 연구의 주된 흐름들을 중심으로 구성하였고, 7장부터 12장까지는 문화의 개념이 중심이 된 중요한 쟁점들을 소화하려는 의도로 구성된 것이다.

– 전경수(2013) 『문화의 이해』 중에서

예 3은 『문화의 이해』라는 책의 서문이다. 서문은 글의 성격으로 볼 때 정보 전달을 위한 글이라고 볼 수 있다. 우리가 이 책의 서문을 읽어 보면 문화의 개념, 출판과 관련된 책의 정보, 1장부터 12장까지의 중요 내용을 비교적 쉽게 파악할 수 있다. 만약 이 책이 초판과 어떤 차이가 있는지에 대한 정보가 독자인 우리에게 필요하다면 '초판에 네 편의 글을 추가해 기초적인 문화 이론서로서의 모습을 갖추려 시도하였다'는 부분을 책에서 찾아내어 그 부분을 읽으면 된다.

네 번째 단서는 초록이다. 초록은 논문의 전체 개요를 짧게 정리한 부분으로 주로 논문의 가장 앞머리에 등장하여 논문을 안내하는 역할을 한다. 영어로는 abstract라고 번역한다. 초록에는 연구의 배경, 연구 문제, 연구 목적, 연구 방법, 연구 결과, 주제어(또는 핵심어, Key words) 등의 정보가 들어 있다. 그러므로 독자는 초록을 읽어 보면서 선택한 논문을 읽을 필요가 있는지 없는지를 결정할 수 있다.

예 4

  본 연구는 설득을 목적으로 하는 공적 토론에서 토론 주제에 따라 토론 참여자들이 '무엇을', '왜' 어려워하는지 파악하고자 하였다. 이를 위해 토론 참여자에게 세 종류의 토론 주제를 제시하여 토론을 수행하게 하고 자료를 수집한 후, 담화 분석을 실시하였다. 〈중략〉 앞으로 화법 교육에서 사실 명제, 정책 명제 등 여러 유형의 토론 주제를 경험할 수 있도록 토론 수업을 심화할 필요가 있다.

주제어: 토론, 토론 주제, 토론 참여자, 담화 분석, 사실 명제, 정책 명제

  예 4는 「토론 주제에 따른 토론 수행 양상」이라는 논문의 초록이다. 우리는 이 초록을 통해 연구의 목적, 연구 방법, 연구자의 제언, 주제어 등 전체 논문의 개요를 쉽게 파악할 수 있다. 이처럼 논문의 구체적인 개요를 파악하면 이 논문이 내게 필요한지를 판단할 수 있다.

1. 다음 글을 읽고 답하십시오.

> **– 목차 –**
> 제1장 심리학의 본질
> 제2장 성격의 이해
> 제3장 동기와 정서
> 제4장 사회적 행동
> 제5장 인간 발달
> 제6장 학습과 행동
> 제7장 기억과 지각
> 제8장 사랑과 성
>
> – 정미경 외 저(2009) 『심리학개론』 중에서

1) '인간의 정서'는 몇 장에서 다루고 있습니까?

2) 심리학의 특성은 몇 장에서 다루고 있습니까?

3) 인간의 성격이 타고 나는 것인지, 후천적으로 형성되는 것인지 알고 싶다면 어느
   부분을 읽어야 합니까?

4) '언어 습득'에 대한 보고서를 쓰려고 합니다. 어느 부분을 참고하겠습니까?

5) 목차를 활용하여 '심리학'의 개념을 정의하십시오.

> 심리학은 ＿＿＿＿＿＿＿＿＿＿＿＿에 대해 연구하는 학문이다.

2 다음 글을 읽고 답하십시오.

> 이 책은 과학기술 분야의 전공과 연계된 내용과 방법으로 구성되어 있다. 이를 위해 과학기술적 문식력과 분석적·비판적·창의적 사고력을 반영하여 '분석 → 평가 → 생산'이라는 일련의 단계들을 점진적으로 진행해 나가면서, 이공계 대학생들의 과학기술 글쓰기 능력을 향상시키는 과정 중심의 실습 교육을 지향하고 있다. 〈중략〉
>
> 이에 이 책의 전반부는 일상 언어뿐만 아니라 수리·통계적 도표를 분석할 수 있는 해설적 글쓰기와 가설-연역법에 근거한 논증적 글쓰기를 중심으로, 대학 교양교육 과정에서 이공계 의사소통 교육을 운영할 수 있도록 구성했다. 그러고 나서 후반부는 오늘날 과학기술 분야의 빈번한 협력 활동을 고려하여 과학기술 분야의 현장에서 직접 활용할 수 있는 각종 과학기술문을 팀 단위로 실습할 수 있도록 구성했다. 즉 이 책은 '과학기술 글쓰기의 이론'에 해당하는 제1부와 '과학기술 글쓰기의 실제'에 해당하는 제2부로 구성되어 있다.
>
> – 노상도 외(2015) 『과학기술 글쓰기』 중에서

1) 윗글은 책의 어느 부분입니까?

   ① 제목   ② 목차   ③ 서문   ④ 시각 자료

2) 윗글에서 글쓰기에 앞서 저자가 이공계 학생들에게 필요하다고 생각하는 기본적인 능력은 무엇입니까?

3) 윗글에서 글쓰기를 진행할 세 단계의 과정은 무엇입니까?

4) 윗글에서 전반부와 후반부의 내용은 각각 무엇입니까?

3. 다음 표를 읽고 답하십시오.

〈표 1〉 대학생의 표절 이유 및 인식 수준

(총 응답자:163명, 복수 응답)

영역	설문 응답 내용	빈도	퍼센트
표절의 이유	과제가 너무 어려웠음	86	52.5
	과제를 할 필요성을 못 느꼈음	19	11.5
	시간이 없었음	76	46.1
	표절을 하더라도 교수님께서 알지 못한다고 생각해서	24	14.5
	모두 그렇게 하고 있으므로	27	16.4
	표절을 잘못이 아니라고 생각하므로	1	0.6
표절에 대한 인식	윤리적인 측면에서 매우 심각한 문제이므로 근절되어야 함	74	43.5
	모두 그렇게 하고 있으므로 관계없음	4	2.4
	과제를 제시간에 제출하기 어려운 상황이 된다면 할 수도 있음	50	30.3
	교수님들께서 신경 쓰지 않으시므로 해도 상관없음	11	6.7
	개인이 알아서 결정할 문제임	99	60
	생각해 본 적도 없고 관심도 없음	4	2.4

– 오은주(2013) 「대학생들의 과제표절 실태와 인터넷 정보윤리의식에 대한 인식 조사」 중에서

1) 위의 표는 무엇에 대한 조사 결과입니까?

2) 위이 표에서 조사에 참여한 전체 응답자 수는 몇 명입니까?

3) 위의 표에서 대학생들이 표절하는 가장 큰 이유는 무엇입니까?

4) 위의 표에서 대학생들은 전반적으로 표절에 대해 어떻게 인식하고 있습니까?

5) 위의 표를 바탕으로 하여 '대학생의 표절'에 대한 자신의 의견을 말해 봅시다.

4. 다음 자료를 읽고 답하십시오.

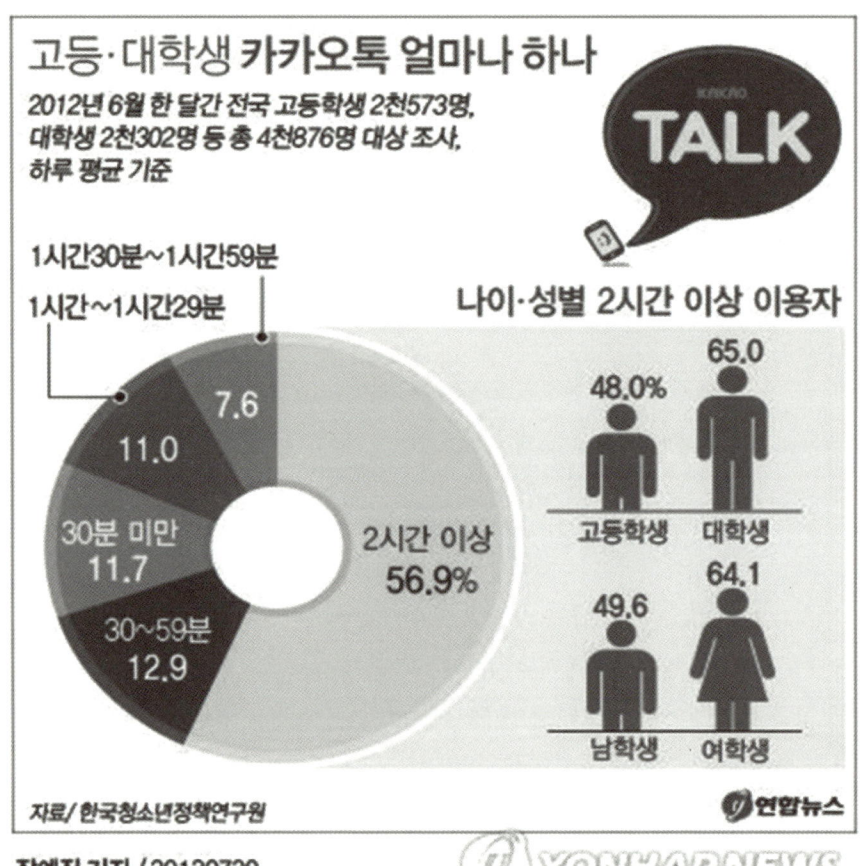

(서울=연합뉴스) 장예진 기자 = 한국청소년정책연구원 이창호 연구위원이 지난해 6월 한 달간 전국 고등학생과 대학생 4천876명을 대상으로 시행해 30일 공개한 '청소년의 소셜미디어 이용 실태조사'에 따르면 하루 평균 카카오톡 이용시간이 2시간 이상이라고 답한 응답자는 전체의 56.9%에 달했다.

1) 위 자료의 내용을 바탕으로 하여 아래를 완성하십시오.

- 조사 기간: _____
- 조사 대상: _____
- 조사 기관: _____
- 설문 항목: _____

2) 다음은 위의 그래프를 설명하고 있는 신문 기사의 일부입니다. 위의 내용과 일치하도록 문장을 완성하십시오.

　　조사에 따르면, 카카오톡을 하루 평균 2시간 이상 사용한다고 답한 응답자는 전체 _____%로 가장 높게 나타났다. 다음으로 하루 평균 30~59분을 사용한다는 응답은 12.9%, _____, 1시간~1시간 29분을 사용한다는 응답은 11.0%, 1시간 30분~1시간 59분을 사용한다는 응답은 _____(으)로 그 뒤를 이었다.

3) 만약 여러분이 기자라면, 위에 제시한 자료에 이어서 어떤 내용을 글로 쓰겠습니까?

(예) 나이별, 성별 카카오톡 사용 시간이 다른 이유

_____

_____

5. '온난화 현상'에 대해 인터넷 기사를 검색한 것입니다. 어떤 정보를 골라 읽을 것인지 말해 봅시다.

화면 1

지식iN 지식iN에 물어보기

Q **지구온난화 현상** 2016.05.17.
지구온난화 현상에 의한 해결책은 어떤 것들이 있나요?
A ○ **지구온난화**(기후변화)의 개념을 먼저 말씀드리겠습니다. 기후변화는 온실효과에 의한 기후의 이상**현상**을 말합니다. - 태양광선에 의해 따뜻하게 가열된 지구 표면에서 발생되는 적외선 중 일부는...
지식파트너 답변 환경부 │ 교육, 학문 > 지구과학, 천문우주학 │ 💬 2 · 👍 6

Q **증산도는 지구온난화 현상을 어떻게 보나요?** 2016.04.22.
증산도는 **지구온난화 현상**을 어떻게 보나요? 지구온난화의 원인은 무엇이고 해결점은 어떻게 보나요? 이에 대한 관점이 있나요?
A 지구 **온난화**는 분명 진행되고 있는 **현상**이지만 **온난화**의 주범이 이산화탄소 때문은 아니다. 2. 지구**온난화**의 주범이 이산화탄소라고 주장하는 IPCC(기후 변화에 관한 정부간 패널)는 정치적 집단이다. 3....
교육, 학문 > 지구과학, 천문우주학 │ 💬 1 · 👍 48

Q **지구 온난화 현상의 원인** 2015.06.07.
1. **지구온난화 현상**의 원인 2. 우리나라에 미치는 **지구온난화 현상**의 영향 좀 알려주세요 너무 어려워요 검색해도 잘 안나오고 ㅠㅠ
A ○ **지구온난화**(기후변화)의 개념을 먼저 말씀드리겠습니다. 기후변화는 온실효과에 의한 기후의 이상**현상**을 말합니다. - 태양광선에 의해 따뜻하게 가열된 지구 표면에서 발생되는 적외선 중 일부는...
지식파트너 답변 환경부 │ 사회, 정치 > 환경 │ 💬 2 · 👍 5

Q **지구 온난화 현상과 피해** 2014.10.05.
수행평가 하는데요. 지구 **온난화**로 나타나는 **현상**이랑 그에 따른 피해 적어주세요. 무슨 **현상**-무슨 문제가 일어남(정확한 통계가 있으면 적어주세요.)
A ○ **지구온난화**(기후변화)의 개념을 먼저 말씀드리겠습니다. 기후변화는 온실효과에 의한 기후의 이상**현상**을 말합니다. - 태양광선에 의해 따뜻하게 가열된 지구 표면에서 발생되는 적외선 중 일부는...
지식파트너 답변 환경부 │ 사회, 정치 > 환경 │ 💬 1 · 👍 12

Q **지구 온난화의 현상원인랑 신재생 에너지 2가지** 2015.03.31.
지구온난화의 현상 원인이랑 신재생 에너지를 알려주세요 신재생에너지는 장단점이랑 원리 같은거도 알려주세요 ㅠ
A **지구온난화현상**은 화석연료나 자원의 낭비로 인하여 지구의 온도가 올라가는 현상으로 원인에는 여러 가지가 있는데 프레온가스로 인해 지구의 오존층이 뚫리면서 통과하는 태양에너지의 양이 증가해서...
교육, 학문 > 지구과학, 천문우주학 │ 💬 1 · 👍 1

지식iN 더보기 >

제4강

주제를 명확하게 파악하라

주제를 명확하게 파악하라

읽기의 핵심적인 활동은 글에서 중요한 부분과 중요하지 않은 부분을 구분하고 중요한 부분을 통해 필자의 생각을 읽어 내는 일이다. 이때 글을 통해 드러나는 필자의 중심 생각을 '주제'라고 한다. 한마디로 주제는 필자가 글을 통해 말하고자 하는 중심 메시지이다. 주제는 일반적으로 정보 전달을 목적으로 하는 글에서는 '무엇에 대해 어떠하다'의 형태로 제시되며, 설득을 목적으로 하는 글에서는 '무엇에 대해 어떻게 해야 한다'의 형태로 제시된다.

우리는 주제를 파악할 때에는 우선 필자가 '무엇'에 대해 논의하고 있는지를 파악해야 한다. 그리고 그 '무엇'이 대상인지 문제인지를 판단해야 한다. 만약 그것이 대상이라면 그 대상에 대해 어떠하다고 설명하는지 우리는 찾아야 하며, 그것이 문제라면 그 문제에 대해 어떻게 해야 한다고 주장하는지 우리는 찾아야 한다. 이를 정리하여 문장으로 기술하면 '주제문'이 된다.

주제문은 글에 명백하게 드러나는 경우도 있지만, 그렇지 않은 경우도 있다. 주제문이 글에 드러나지 않을 경우에는 독자가 주제문을 스스로 구성해야 한다.

우선 주제문이 글에 드러나는 예를 살펴보자.

미세먼지는 인체에 치명적인 영향을 끼친다. 미세먼지는 기관지 관련 질환이나 만성 폐질환이 있는 사람은 폐렴과 같은 감염성 질환을 일으킨다. 미세먼지는 폐암을 발생시키며, 피부를 자극하여 아토피 등의 피부염을 유발하고, 알레르기 비염을 악화시킨다. 특히 미세먼지는 조기사망 확률도 높인다.

예 1은 '미세먼지'에 대한 글이다. 필자는 미세먼지가 인체에 끼치는 영향에 대해 설명하고 있다. 예 1의 내용은 '미세먼지는 각종 질환(기관지 질환, 감염성 폐질환, 폐암 등의 암, 피부염, 비염 등)을 유발하고 조기사망 확률을 높인다' 정도로 정리할 수 있다. 따라서 예 1의 주제문은 '미세먼지는 인체에 치명적인 영향을 끼친다.'로 볼 수 있다.

임금은 인사 이동과 더불어 종업원들이 가장 큰 관심을 가지고 있는 인사 분야이다. 임금은 종업원들에게는 소득의 원천이며 노동력을 재생시키고 가족의 생계를 유지하는 수단이 되고 있다. 따라서 종업원들은 자기들의 노력에 대한 정당한 보상을 받기를 원하며 적정한 임금 수준을 원한다. 〈중략〉 임금은 종업원들에게만 중요한 것이 아니고 기업 측에서도 중요한 관심사이다. 기업에서 볼 때 임금은 노무비로서 제품의 원가를 결정하는 중요한 요소이고 기업의 이익과 직결되기 때문이다. 따라서 임금은 종업원과 기업 양측의 입장을 종합적으로 고려하여 관리되어야 한다.

– 박련·김광남·나승화 공저(1995) 『경영학원론』 중에서

예 2는 '임금'에 대한 글이다. 필자는 임금이 종업원에게 중요한 이유와 기업에 중요한 이유를 제시하고 있다. 임금이 종업원과 기업 모두에게 중요하므로 두 입장을 종합적으로 고려해서 관리되어야 한다고 주장하고 있다. 따라서 예 2의 주제문은 '임금은 종업원과 기업 양측의 입장을 종합적으로 고려하여 관리되어야 한다.'로 볼 수 있다.

이상에서 살펴본 것처럼 주제문이 글의 처음이나 마지막에 명시적으로 제시되는 글도 있다. 그러나 주제문이 명백하게 드러나 있지 않은 글도 많다. 이럴 경우 독자는 우선 글의 중심 소재를 파악해야 한다.

예 3

> 음력으로 5월 5일은 단오다. 단오는 예로부터 설, 추석과 함께 한국의 가장 큰 명절 중의 하나였다. 이날 사람들은 씨름과 그네 타기 등 다양한 놀이를 하며 하루를 즐겁게 보냈다. 씨름은 남자들의 놀이였는데 단오에 열리는 씨름 경기에서 이긴 사람은 황소를 상으로 받을 수 있었다. 한편, 그네 타기는 주로 마을의 젊은 여자들이 즐기는 놀이였다.
>
> – 한국어능력시험(23회) 고급 읽기 중에서

예 3의 중심 소재는 '단오'이다. 그런데 이 글에는 단오에 대한 일반적인 정보인 유래, 풍습, 즐겨 먹는 음식 등이 제시되어 있지 않다. 그 대신 씨름, 그네 타기 등 단오에 즐기는 놀이에 대해 기술되어 있다. 즉 예 3은 '단오의 놀이'에 대해 설명하고 있는 글이다. 따라서 우리는 예 3의 주제문을 '단오의 놀이는 다양하다.' 또는 '단오의 놀이에는 씨름과 그네 타기 등이 있다.' 정도로 작성해 볼 수 있다.

1. 다음 글을 읽고 답하십시오.

> 온도계에 사용되는 수은은 인체에 유해한 금속으로 신장이나 신경 계통에 손상을 줄 수 있다. 다량의 수은을 삼키거나 증기로 바뀐 수은을 흡입하면 중독될 수 있으므로 수은을 다루거나 폐기할 때는 조심해서 다뤄야 한다. 그러므로 부서진 온도계에서 나온 수은을 무심코 만지거나 쓰레기통에 그대로 버리지 말고 위험 물질로 분류하여 폐기해야 한다.
>
> — 한국어능력시험(26회) 고급 읽기 중에서

1) 윗글의 주제를 쓰십시오

2) 윗글의 내용과 일치하면 ○표, 일치하지 않으면 ✕표 하십시오.

　① 수은은 신장이나 신경 계통에 질병을 일으킨다. (　　)

　② 많은 양의 수은을 삼키게 되면 수은 중독에 빠진다. (　　)

　③ 온도계에 사용되는 수은은 위험한 물질이므로 사용을 중단해야 한다. (　　)

2. 다음 글을 읽고 답하십시오.

색은 사람의 호르몬과 혈압, 체온 등에 영향을 미쳐 감정을 흥분시키거나 진정시키는 효과가 있다. 색은 감정을 자극하거나 억누르는 힘, 혹은 가까이 끌어당기거나 멀리 밀어내는 힘을 가지고 있는 것이다. 예컨대 빨강, 주황처럼 뜨거운 색은 파장이 가장 길기 때문에 색을 바라보려면 에너지가 필요하게 된다. 그래서 이러한 색은 갑자기 튀어나오는 것처럼 보일 뿐만 아니라, 뇌를 자극해 맥박수와 호흡수를 증가시킨다.(Sutton, 1987) 녹색은 눈의 피로를 풀어주는 가장 대표적인 색이기도 하다. 수술실에서 입는 수술복은 진한 녹색인데, 이는 피 빛깔인 적색의 보색인 녹색을 입음으로써 수술을 집도하는 의사가 장시간 상처 부위를 보면서 생기는 잔상 효과를 방지할 수 있기 때문이다.(김예환, 2003)

– 조자영(2010) 「영화 Blue에서 블루의 색채 치유 효과 연구」 중에서

1) 윗글의 주제를 쓰십시오.

2) 윗글의 내용과 일치하면 ○표, 일치하지 않으면 ×표 하십시오.

① 녹색은 뇌를 자극해 맥박수와 호흡수를 증가시킨다. (   )

② 녹색은 수술을 집도하는 의사에게 생기는 잔상 효과를 방지해 준다. (   )

③ 빨강은 다른 색깔에 비해 빛의 파장이 긴 색깔이다. (   )

3. 다음 글을 읽고 답하십시오.

올 초, 정부는 담뱃값을 기존의 80%나 인상하며 강력한 금연 정책을 추진하였다. 그러나 이와 같은 담뱃값 인상으로 인한 흡연율의 감소는 지속성이 떨어진다. 한 편의점 업체의 담배 판매량을 통해 알 수 있듯이, 전년 동기 대비 1월에는 -33%, 2월 -21%, 3월 -15%, 4월 20일 기준으로는 -12%로 시간이 지날수록 감소율이 현저히 떨어지고 있기 때문이다. 덧붙여, 최근에는 담배 포장지에 '순하다', '연하다', '마일드' 같은 가볍고 부드러운 느낌을 주는 단어들의 사용을 금지하도록 법이 바뀌었다. 그러나 이러한 단어들을 대신해 '상쾌한', '부드러운' 등의 수식어가 등장해 '밑 빠진 독에 물 붓기 식'의 상황이 되어버렸다.

이와 같은 상황에서 '담뱃갑 경고 그림'의 도입은 임시방편의 해결책이 아닌 장기적이고 지속 가능한 금연정책이 될 수 있다. 담뱃갑에 붙어 있는 사진 1장은 그 역할을 톡톡히 할 것이다.

– 김보규 외(2015)『스무살, 세상을 만나다』중에서

1) 윗글의 주제를 쓰십시오.

2) 다음은 필자가 언급한 정부의 금연 정책을 정리한 것입니다. 빈 칸에 알맞은 내용을 쓰십시오.

첫째, _____

둘째, 가볍고 부드러운 느낌을 주는 단어들의 사용을 금지하는 법

3) 윗글에 쓰인 다음 표현의 의미를 말해 봅시다.

- 밑 빠진 독에 물 붓기
- 임시방편

4) 윗글의 내용과 일치하면 ○표, 일치하지 않으면 ✕표 하십시오.

① 담뱃값 인상 후 흡연율이 꾸준히 감소하고 있다. (   )

② 담뱃갑 경고 그림은 금연에 도움이 된다. (   )

③ 담뱃값을 인상하는 것은 흡연율을 감소시키는 임시방편에 지나지 않는다. (   )

4. 다음 글을 읽고 답하십시오.

영화는 여러 예술 장르를 혼합한 종합예술의 성격을 띠고 있어 요즈음 대중의 사랑을 가장 많이 받는 예술 장르입니다. 스크린에 비치는 영상은 미술의 영역을 포함하고, 배경에 음악을 사용할 뿐 아니라 음악처럼 리듬으로 흐르며, 인물들의 움직임은 연극과 춤을 아우르고, 영상으로 진행되는 스토리는 문학을 포괄합니다. 외형에서만 종합예술인 것은 아닙니다.

영화는 마치 현실처럼 연속적이라는 인상을 주지만, 실제 현실과는 달리 여러 단계에 걸쳐 분절돼 있는 조각들이 편집되어 만들어집니다. 하나의 사진 프레임 (frame)으로 시작해서 그런 사진 24장이 1초 안에 순차적으로 비춰짐으로써 움직임을 만들어내는 영화는 장면이 컷(cut)되어 쇼트(shot)를 이루고, 쇼트들이 합쳐져 시퀀스(sequence)로, 시퀀스들이 결합하여 신(scene)으로 신들이 모여 한 편의 작품(film)을 이룹니다. 이러한 구성은 특히 음악과 문학이 짜이는 방식과 같습니다. 예컨대 음악에서는 음표들이 모여 마디를 이루고 몇 개의 마디가 모여 모티프를 형성하여 일정하게 진행된 이후 하나의 악장을 만들고 네댓 개의 악장으로 교향곡이 완성됩니다. 문학에서는 알파벳 철자들이 모여 단어가 되고 단어들이 뭉쳐 문장을 이루며 몇 개의 문장은 주제를 가지고 단락을 형성하고 여러 단락이 진행되어 한 편의 소설이 마무리됩니다.

– 오종우(2015)『예술수업』중에서

1) 윗글의 주제를 쓰십시오.

2) 윗글의 내용과 일치하지 않는 것을 고르십시오. (　　)

　　① 영화는 외형적으로만 종합예술의 성격을 띤다.

　　② 완성된 교향곡은 더 작은 단위로 나눌 수 있다.

　　③ 영화는 여러 단계로 분절된 조각들이 모여서 만들어진 것이다.

　　④ 영화 속 인물들의 움직임에서 연극과 춤의 요소를 확인할 수 있다.

3) 윗글의 내용을 바탕으로 하여 아래 표를 완성하십시오.

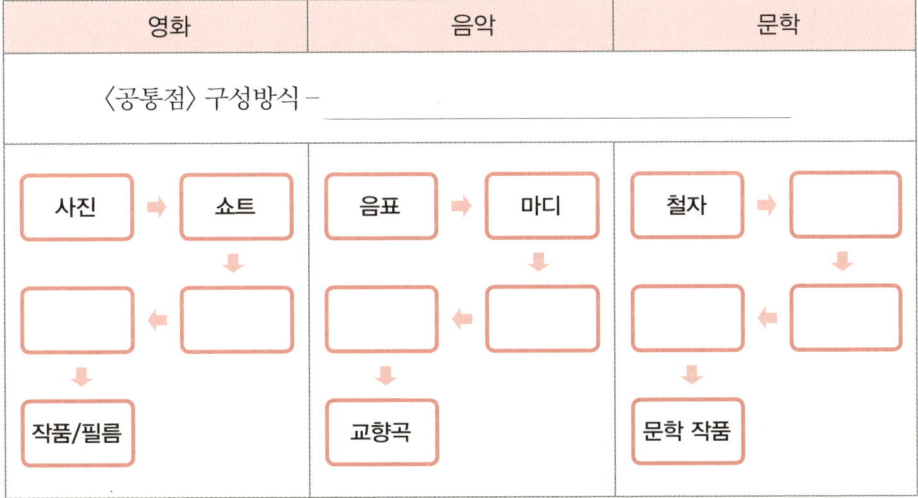

5. 다음 글을 읽고 답하십시오.

공자는 사람을 '아는 자'와 '좋아하는 자' 그리고 '즐기는 자'의 세 그룹으로 나누었는데, 그 가운데 뜻밖에도 아는 자를 가장 아랫자리에 두고 즐기는 자를 제일 높은 자리에 올려 놓았던 것입니다. 즐기는 것이 요즘 젊은이만의 특권이라고 알았던 사람들에게는 너무나 충격적인 말로 들릴 것입니다.

아는 자는 좋아하는 자만 못하고 좋아하는 자는 즐기는 자만 못하다.
知之者不如好之者 好之者不如樂之者

하지만 『논어』에 나오는 이 말이 요즘의 대학과 젊음에 대한 설명과도 잘 맞습니다. 공부라고 하면 초등학교 시절 어머니한테 꾸지람 들으면서 숙제하는 모습을 떠올리기 쉽지만, 입시에 시달린 여러분에겐 아주 지겨운 말이지요. 그런데 같은 한자어인데도 중국에서 공부(工夫)라고 하면 '시간의 여유'와 '틈'을 뜻하는 말로 쓰입니다. 그리고 또 일본에서는 무엇을 '궁리'(아이디어)하고 '생각한다'는 뜻이 됩니다. 스터디의 뜻으로 사용되는 우리의 공부와는 아주 다른 말이지요. 하지만 세 나라가 제각각 다르게 쓰는 '공부'의 뜻을 한데 모아보면 젊은이들이 꿈꾸는 공부의 새로운 입체적 개념이 만들어집니다. 그러면 아시아 그리고 세계의 학생들을 능가하는 통합적 지혜를 갖게 되는 것이지요. 시간 여유가 있어야 공부를 할 수 있고, 공부를 해야만 생각을 할 수 있습니다.

또 생각을 기르기 위해서는 공부를 해야 하고, 공부를 하기 위해서는 한가로운 시간의 틈이 있어야 합니다. 그 인과 관계가 둥그런 원처럼 돕니다.

학교를 뜻하는 영어의 '스쿨(School)도 실은 희랍어의 시간적인 틈이나 여가를 가리키는 말에서 나온 것이라고 합니다. 중국어의 공부와 같은 뜻이지요. 참으로 놀라운 동서의 일치라고 할 수밖에 없습니다. 이제 여러분들이 대학생이 되었다는 것은 곧 '공부'를 할 수 있는 짬(leisure)을—일생 동안 대학생활처럼 공부에 전념할 수 있는 시간은 두 번 다시 없을 겁니다—얻었다는 뜻입니다. 그 시간에 열심히 공부(study)를 하면서 여러 가지 공부(idea)를 할 수 있는 능력을 얻게 되는

겹니다. 〈중략〉

　자 이제 결론을 말하겠습니다. 지금까지 대학은 지지자(知之者)를 만들어내고 오늘의 대학은 호지자(好之者)를 만들어냈지만, 앞으로 21세기의 대학은 자신의 삶 자체를 창조하고 즐기는 낙지자(樂之者)들의 행복한 뜰이 되어야 할 것입니다.

　　　　　　　　　　　　　　　　　　 – 이어령(2013) 『젊음의 탄생』 중에서

1) 윗글의 주제를 쓰십시오.

2) 윗글에서 설명하는 공부의 개념을 아래에 정리하십시오.

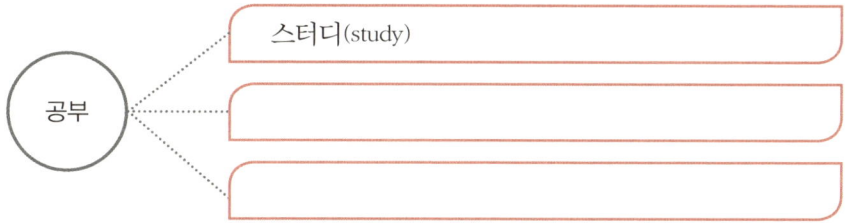

공부

스터디(study)

3) 내용과 일치하지 않는 것을 고르십시오.

　① 생각을 기르는 것, 공부를 하는 것, 시간적 여유를 갖는 것은 인과 관계에 있다.

　② 공자는 '즐기는 것'이 요즘 젊은이만의 특권이라고 주장했다.

　③ 21세기의 대학은 지지자와 호지자를 만들어 내는 곳이 되어야 한다.

　④ 대학은 자신의 삶을 창조하고 즐기면서 공부할 수 있는 공간이 되어야 한다.

제5강

문맥을 활용하여
의미를 추론하라

5강
문맥을 활용하여 의미를 추론하라

'문맥'이란 문장과 문장이 이어져 만들어 내는 글의 흐름을 말한다. 글에 대해 지식이 부족하거나 개념을 처음 접해 보더라도 독자는 문맥을 통해 그 내용을 이해할 수 있다. 특정 단어나 문장의 의미를 명확하게 몰라도 앞뒤 글의 흐름을 통해 단어나 문장의 의미를 추론할 수 있기 때문이다.

우선 문맥을 활용하여 단어의 의미를 추론해 보자. 학술적인 글에 쓰이는 단어의 의미를 추측할 때에는 두 가지를 염두에 두어야 한다. 먼저 그 단어가 학술적인 글에서 사용되는 전문 용어라는 점이다. 그리고 그러한 전문 단어는 학자나 분야에 따라 단어의 의미가 달라질 수 있다는 점이다. 학술적인 글에 쓰이는 전문 용어는 글 속에서 재정의되는 경우가 많다. 그러므로 독자는 지나치게 사전 의미에만 매달리지 말고 글 속에서 단어의 의미를 찾아야 한다.

예 1

식품 첨가물은 식품을 가공하는 과정이나 원재료를 준비하는 단계에서 첨가한다. 식품 첨가물을 넣는 이유는 몇 가지가 있다. 첫째, 산소와 결합하여 식품의 성질이 산성으로 변하는 **산화**를 방지하고 미생물이나 금속 물질의 영향을 막아 준다. 둘째, 음식의 맛을 좋아지게 하며 맛이나 색을 강화시킨다. 셋째, 식품을 연하게 하는 **유화 작용**을 하며, 식품이 딱딱해지는 **경화 작용**을 막아 준다. 넷째, 식품을 발효시킨다. 다섯째, pH를 조절한다.

– 김영해 · 이철호 · 홍성엽 공저(2010)『생활과 과학』중에서

예 1에는 '식품 첨가물, 가공, 원재료, 산화, 유화 작용, 경화 작용' 등 생소하고 전문적인 용어가 상당히 많이 등장한다. 그러나 독자는 단어의 앞뒤 문맥을 살펴보면 의미를 추론할 수 있다. 그러면 '식품 첨가물, 산화, 유화 작용, 경화 작용'의 의미가 무엇인지 문맥을 이용해 찾아보자. '식품 첨가물'에 대해 설명하는 상세한 정보는 단어의 뒤쪽에 제시되어 있다. 반면에 '산화', '유화 작용', '경화 작용'을 설명하는 상세한 정보는 단어의 앞쪽에 제시되어 있다.

〈상세한 정보〉	전문어	〈상세한 정보〉
	식품 첨가물	식품을 가공하는 과정이나 원재료를 준비하는 단계에서 첨가되는 물질
산소와 결합하여 식품의 성질이 산성으로 변한다.	산화	
식품을 연하게 한다.	유화 작용	
식품이 딱딱해진다.	경화 작용	

예 2

시장에서도 부익부빈익빈 현상은 여전하다. 시장을 선점한 상품이나 기업은 웬만해서는 그 지위를 잃지 않는다. 시장을 선점했기에 유명해지고, 유명하기에 더 많이 팔린다. 더 많이 팔리는 상품이기에 무언가 다를 것이라는 믿음이 생겨 더욱 많이 팔리게 되는 것이 시장의 생리다.

– 이영직(2010)『세상을 움직이는 100가지 법칙』중에서

예 2에 제시된 '부익부 빈익빈'의 사전 의미는 '부자일수록 더욱 부자가 되고 가난할수록 사람은 더욱 가난해진다.'는 것이다. 그러나 그 의미로 예 2를 이해하기는 쉽지 않다. 예 2에서는 '부익부 빈익빈'을 '시장'이라는 특정한 공간 안에서 사용하고 있기 때문이다. 예 2에서 사용된 '부익부 빈익빈'은 '시장에서 잘 팔리는 물건일수록 잘 팔리고 안 팔리는 물건일수록 안 팔린다.' 정도로 해석할 수 있다.

다음으로 문맥을 이용하여 문장의 의미를 추론해 보자.

영화는 마치 현실처럼 연속적이라는 인상을 주지만, 실제 현실과는 달리 여러 단계에 걸쳐 분절돼 있는 조각들이 편집되어 만들어집니다. 하나의 사진 프레임(frame)으로 시작해서 그런 사진 24장이 1초 안에 순차적으로 비춰짐으로써 움직임을 만들어내는 영화는 장면이 컷(cut)되어 쇼트(shot)를 이루고, 쇼트들이 합쳐져 시퀀스(sequence)로, 시퀀스들이 결합하여 신(scene)으로 신들이 모여 한 편의 작품(film)을 이룹니다.

– 오종우(2015) 『예술수업』 중에서

예 3은 '영화의 구성적 특성'에 대해 설명하고 있는 글이다. 그런데 첫 번째 문장('영화는 마치 ~ 만들어집니다.')은 추상적인 내용을 담고 있어서 단어의 의미만으로 그 의미를 이해하기 어렵다. 이 문장의 의미를 정확히 이해하려면 문맥을 이용해야 한다. 첫 번째 문장의 '여러 단계에 걸쳐 분절돼 있는 조각들'이라는 말은 다음 문장에서 '사진 프레임, 장면, 쇼트, 시퀀스, 신'으로 구체화된다. 그리고 첫 번째 문장의 '편집되어 만들어집니다'는 다음 문장에서 '이루고, 합쳐져, 결합하여, 이룹니다' 등의 다양한 표현으로 구체화된다. 따라서 예 3의 내용은 '영화는 사진 프레임 조각들이 장면-쇼트-시퀀스-신의 단계를 거쳐 만들어진 것이다.'로 이해할 수 있다.

1. 다음 글을 읽고 답하십시오.

> 최근 세계 각국에서는 '낮잠 경제학' 논란이 불거지고 있다. 점심 식사 이후 전 국민이 두세 시간씩 긴 낮잠에 들어가는 '시에스타siesta'는 전통적으로 지중해 문화권의 상징이었다. 그러나 2006년 스페인에서는 '시에스타' 폐지가 확산되고 있다. 가장 중요한 경제활동 시간에 낮잠으로 소일함으로써 국가적으로 막대한 경제적 손실을 보고 있다는 판단에 따른 것이다. 그렇다면 정말 '시에스타' 즉 낮잠을 자는 전통은 경제적으로 전혀 도움이 안 되는지 따져 보자.
>
> – EBS지식채널e(2008) 『지식e2』 중에서

1) 윗글의 주제를 쓰십시오.

2) 윗글의 문맥을 활용하여 다음 용어를 설명하십시오.
   - 시에스타:
   - 낮잠 경제학:

2. 다음 글을 읽고 답하십시오.

> 유행상품 중 히트상품(hit products)은 새로이 기업이 생산하는 신제품 중 대중 소비자에게 널리 수용되어 폭발적인 판매 신장을 가져오는 상품이다. 이것은 물질로서의 상품이 가지는 '기본 가치'에 인간의 요구를 반영하는 이미지로서의 '부가 가치'가 추가되어 형성된 것이다.
>
> − 김원수(1995) 『인간욕구와 신상품 개발』 중에서

1) 윗글의 주제를 쓰십시오.

2) 윗글의 문맥을 활용하여 다음 용어를 설명하십시오.

- (상품의) 기본 가치:
- (상품의) 부가 가치:

3. 다음 글을 읽고 답하십시오.

세상에 공짜란 없다. 남의 것을 얻기 위해서는 반드시 대가를 치러야 한다는 의미이다. 기업들이 돈을 버는 것도 위험을 감수한 것에 대한 대가이다. 주식시장에서 큰돈을 벌기는 쉽지 않다. 큰돈을 벌기 위해서는 반드시 큰 위험을 각오해야 한다. 주식으로 큰돈을 벌기 위해서는 주식가격이 대대적으로 폭락했을 때 구입해서 크게 올랐을 때 팔아야 한다. 그러나 주식이 폭락했을 때 주식을 구입한다는 것은 자칫 휴지조각이 될 수 있는 위험을 감수해야 한다는 의미이다. 그래서 '노 리스크 노 리턴(No risk No return)의 법칙'이 생겨났다. 위험이 없이는 이익도 없다는 말이다. 즉 위험이 있어야 이익도 있다는 경제 법칙이다.

– 이영직(2010) 『세상을 움직이는 100가지 법칙』 중에서

1) 윗글의 주제를 쓰십시오.

2) 윗글의 문맥을 활용하여 다음 용어를 설명하십시오.

- 노 리스크 노 리턴의 법칙:
- 리스크:
- 리턴:

3) 다음 중 의미하는 바나 그 결과가 다른 하나를 고르십시오. (   )

① 세상에 공짜란 없다.

② 남의 것을 얻기 위해서는 반드시 대가를 치러야 한다.

③ 주식으로 큰돈을 벌기 위해서는 주식가격이 대대적으로 폭락했을 때 구입해서 크게 올랐을 때 팔아야 한다.

④ 위험이 없이는 이익도 없다.

⑤ 위험이 있어야 이익도 있다.

4. 다음 글을 읽고 답하십시오.

> 　　자본주의 경제에서는 개별 경제 주체들이 시장에서 형성되는 가격을 지표로 하여 시장에서 만나 자유롭게 생산·교환·소비 활동을 한다. 이와 같이 자유로운 시장 경제 활동을 강조한 자본주의 경제를 자유 시장 경제(free market economy)라고 흔히 부른다. 이 체제에서는 생산수단을 가지고 있는 자본가가 이윤을 얻을 목적으로 노동자를 고용하여 상품을 생산한다.
>
> 　　　　　　　　　　　　　　– 김대식·노영기·안국신 공저(2003)『현대경제학원론』중에서

1) 윗글의 주제를 쓰십시오.

2) 윗글의 문맥을 활용하여 다음 용어를 설명하십시오.

   • 자유 시장 경제:

3) 윗글의 내용과 일치하면 ○표, 일치하지 않으면 ✕표 하십시오

   ① 자유 시장 경제 체제에서는 자본가가 노동자를 고용한다. (　　)
   ② 자유 시장 경제 체제에서는 정부에 의해 가격이 결정된다. (　　)

5. 다음 글을 읽고 답하십시오.

PR은 Public Relations의 약자다. 우리말로 직역하면 '공중 관계'다. 아직 공중이 무엇인지 정확하게 설명하기 전이지만, '공중 관계'를 '대인 관계'로 바꿔서 이해해 보자. 흔히 사람이 살아가는 데에 대인 관계가 중요하다는 말을 많이 한다. 대인 관계란 사람들 상호 간의 심리적 관계를 의미하는데, 좋은 대인 관계란 단순히 서로를 아는 것을 넘어서 서로 간에 좋은 이미지를 형성하고 유지하는 것이다. PR역시 마찬가지다. 단순히 공중을 아는 것을 넘어서 공중과 좋은 관계를 형성하고 지속적으로 유지하는 것이다.

홍보는 한자로 넓을 홍(弘)과 알릴 보(報)가 합쳐진 단어로 직역하면 '널리 알리다'라는 뜻이다. 사람들에게 널리 알리기 위해서는 TV나 신문 같은 언론 매체가 가장 효과적이다. 즉 언론 매체 등을 통해 널리 알리는 것이 홍보다.

그러나 언론을 통해 널리 알려진다고 해서 모든 사람들에게 좋은 이미지가 형성되는 것은 아니다. '아는 것' 보다는 '좋아하는 것'이 더 높은 효과다. 다시 말해 의미상으로 보자면, 홍보보다는 PR이 더 상위의 효과다. 물론 사람들에게 좋은 이미지를 형성시키기 위해선 널리 알려지는 것이 도움이 되지만, 널리 알려졌다고 해서 좋은 이미지가 형성된다는 보장은 없다.

– 이명천 · 김요한 공저(2011) 『PR입문』 중에서

1) 윗글의 주제를 쓰십시오.

2) 윗글의 핵심 개념을 아래에 정리하십시오.

	PR	홍보
직역	공중 관계 = 대인 관계	_____
개념	단순히 공중을 아는 것을 넘어서 _____ _____	언론 매체 등을 통해 널리 알리는 것

3) 윗글의 문맥을 활용하여 다음을 설명하십시오.

> '아는 것'보다는 '좋아하는 것'이 더 높은 효과다.

4) 다음은 두 개념 간의 관계를 표현한 것입니다. 적절한 것을 고르십시오.

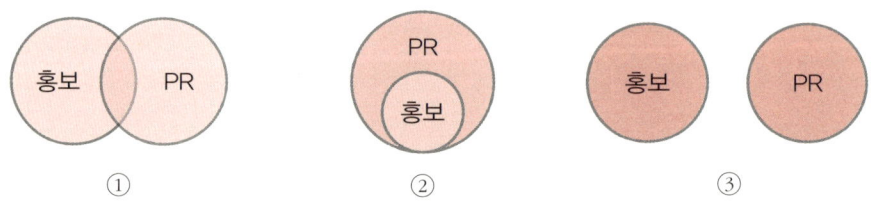

5) 윗글의 내용과 일치하면 ○표, 일치하지 않으면 ×표 하십시오.

① 좋은 대인 관계란 서로를 알고 나아가 서로 간에 좋은 이미지를 형성하고 유지
하는 것이다.( )

② 홍보는 TV나 신문 같은 언론 매체로 알리는 방식이다. ( )

③ 사람들에게 널리 알려지면 좋은 이미지가 형성된다. ( )

6. 다음 글을 읽고 답하십시오.

스테븐슨과 닉슨(1972, Stevenson & Nixon)은 초기 기능주의적 스포츠사회학 연구에 대한 종합적인 분석을 통해 스포츠는 다음과 같은 다섯 가지 기능을 가지고 있다고 설명하였다.

첫째는 스포츠의 사회감성적 기능이다. 이는 스포츠가 대중들에게 일종의 카타르시스를 제공해 줌으로써 일상생활에서 경험하는 긴장과 스트레스를 해소할 수 있는 기회를 부여하고, 이러한 과정을 통해 구성원들의 사회심리적 안정을 도모한다는 것이다. 둘째, 스포츠는 사회화의 기제로 기능한다. 대중들은 스포츠에 참여하거나 이를 관람하면서 스포츠에 내재되어 있는 다양한 사회적 가치들을 습득하게 된다. 이러한 가치들은 대부분 주류사회의 가치관을 지지하는 내용들이며, 따라서 스포츠의 직간접적 참여는 대중들의 원활한 사회적응에 긍정적인 영향을 미친다는 것이다. 셋째, 스포츠의 통합 기능이다. 이는 스포츠가 사회구성원들에게 공통된 정체성을 확인할 수 있는 기회를 제공함으로써 성별, 연령, 계층을 초월하는 통합의 장을 형성하는 데 도움을 준다는 것이다. 넷째, 스포츠의 정치적 기능이다. 스포츠는 대중의 이목을 집중시킬 수 있는 문화적 기제이기 때문에 종종 특정한 정치 이데올로기를 전파하거나 강화하는 유용한 수단이 될 수 있다. 마지막 다섯째, 스포츠가 갖는 사회이동의 기능이다. 스포츠는 특정 개인으로 하여금 사회적 상승을 가능케 하는 수단으로 작동한다. 프로 스포츠에서의 성공을 통한 부의 축적이나 올림픽과 같은 국제스포츠 경기에서의 입상으로 말미암은 명예 획득은 사회 속에서 선수 개인의 사회적 지위를 높일 수 있는 하나의 방법이다.

이상과 같이 스포츠는 사회 발전에 기여하는 여러 가지 기능을 가지고 있으며, 초기 스포츠사회학 연구는 이러한 명제들을 확증하는 데 중점을 두고 진행된 경향이 있다.

– 한국스포츠사회학회 편(2012) 『스포츠와 사회이론』 중에서

1) 윗글의 주제를 쓰십시오.

2) 필자의 관점으로 맞는 것은 무엇입니까?

    ① 역사학적 관점

    ② 사회학적 관점

    ③ 정치학적 관점

    ④ 사회심리학적 관점

3) 윗글의 문맥을 활용하여 다음을 설명하십시오.

- (스포츠의) 사회감성적 기능:

- 사회화 기제로의 기능:

- (스포츠의) 통합 기능:

- (스포츠의) 정치적 기능:

- 사회 이동의 기능:

제6강

설명 방식을 이해하라

설명 방식을 이해하라

필자는 자신의 생각을 효과적으로 드러내기 위해 여러 가지 설명 방식을 사용한다. 따라서 독자는 그 설명 방식을 이해하면 글을 읽고 중요한 내용을 쉽고 빠르게 파악할 수 있다.

학술적인 글에서 많이 사용하는 설명 방식으로는 (가) 대상의 특징이나 속성 등이 각각 대등하게 나열되는 열거형, (나) 어떤 사물에 대해 역사적 사건을 전개하는 시간적 서술형, (다) 서술하고 있는 둘 이상의 대상 간에 공통점이나 차이점을 논의하는 비교 – 대조형, (라) 어떤 사건의 기술을 인과 관계에 따라 기술하는 원인 – 결과형, (마) 어떤 문제점을 제시하고 이에 대한 해결책을 제안하는 문제 – 해결형 등이 있다.

물론 이러한 설명 방식 중 어느 하나가 글의 전체에 적용되는 것은 아니다. 글 전체는 시간적 순서로 서술되어 있더라도 단락과 단락 또는 문장과 문장은 주제별로 각각 대등하게 서술되거나 각각의 대상을 비교, 대조하는 방식 등으로 구성될 수 있다. 여기에서는 단락 안에서 설명되는 방식에 초점을 맞추어 학술적인 글에 사용되는 대표적인 것을 살펴보기로 한다.

(1) 열거형

열거형은 필자가 전하고 싶은 글의 내용을 대등하게 나열하는 설명 방식이다. 이 설명 방식에 '첫째, 둘째, 셋째 …… / 첫 번째, 두 번째 …… / 먼저, 다음으로, 마지막으로' 등의 표현을 자주 사용하는데 이를 통해 글의 내용이 대등적으로 열거되고 있음을 쉽게 확인할 수 있다. 이러한 글을 읽을 때 독자는 필자가 대등하게 열거한 항목을 잘 파악해야 한다.

예 1

스테븐슨과 닉슨(1972, Stevenson & Nixon)은 초기 기능주의적 스포츠사회학 연구에 대한 종합적인 분석을 통해 스포츠는 다음과 같은 다섯 가지 기능을 가지고 있다고 설명하였다.

첫째는 스포츠의 사회감성적 기능이다. 이는 스포츠가 대중들에게 일종의 카타르시스를 제공해 줌으로써 일상생활에서 경험하는 긴장과 스트레스를 해소할 수 있는 기회를 부여하고, 이러한 과정을 통해 구성원들의 사회심리적 안정을 도모한다는 것이다. 둘째, 스포츠는 사회화의 기제로 기능한다. 대중들은 스포츠에 참여하거나 이를 관람하면서 스포츠에 내재되어 있는 다양한 사회적 가치들을 습득하게 된다. 이러한 가치들은 대부분 주류사회의 가치관을 지지하는 내용들이며, 따라서 스포츠의 직간접적 참여는 대중들의 원활한 사회적응에 긍정적인 영향을 미친다는 것이다. 셋째, 스포츠의 통합기능이다. 이는 스포츠가 사회구성원들에게 공통된 정체성을 확인할 수 있는 기회를 제공함으로써 성별, 연령, 계층을 초월하는 통합의 장을 형성하는 데 도움을 준다는 것이다.

– 한국스포츠사회학회 편(2012) 『스포츠와 사회이론』 중에서

예 1은 '스포츠의 기능'에 대한 글이다. '첫째, 둘째, 셋째'를 통해 스포츠의 사회감성적 기능, 사회화 기제로의 기능, 통합 기능이 대등하게 열거됨을 알 수 있다.

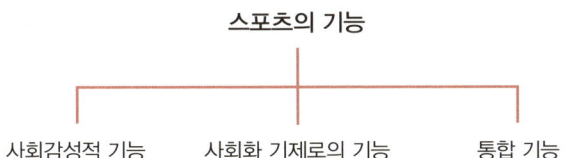

(2) 시간적 서술형

시간적 서술형은 주로 시간적 변화, 일의 선후 관계에 따라 글의 내용을 전개하는 설명 방식이다. 변화사 또는 변천사, 일의 과정 또는 절차를 다루는 글에서 많이 사용한다. 시간 순서에 따라 어떤 변화가 있는지에 초점을 두고 내용을 파악할 필요가 있다.

예 2

> 지금 우리 사회는 예전에 비해 가족의 규모가 축소되었다. 농업 중심의 사회는 노동력의 확보를 위해서 남성 위주의 대가족 제도를 이루었다. 그러나 1960년대부터 시작된 공업화는 엄청난 산업사회로의 변동을 초래하였고 사회 구조적 변화와 함께 가족 규모도 축소되었다. 산업사회는 인구의 이동이 많아지기 때문에 이동에 편리한 소규모의 가족으로 축소될 수밖에 없다. 1990년에는 총 출산율이 1.6명이었으나 이후 감소하기 시작하여 2003년 사회 통계 조사에 의하면 가임 여성 한 명당 출산율은 1.17명으로 더 낮아졌고, 2005년에는 1.08명으로 세계적으로 가장 낮게 나타났다(통계청, 2008). 출산율이 급격히 감소하면서 부부가 한 명 또는 두 명의 자녀와 함께 사는 핵가족 형태로 변했다. 반면 가족의 형태는 다원화되어 가고 있다. 노인 가족, 복합 가족, 한 부모 가족, 독신 가구, 별거 가족, 비혈연가족, 다문화 가족 등의 형태가 나타나고 있다.
>
> – 장승옥 외(2011)『사회복지의 이해』중에서

예 2는 '가족 형태의 변화'에 대한 글이다. 가족 형태의 변화를 시간의 변화에 따라 설명하고 있다. 우리는 시간 표현을 단서로 하여 글의 내용이 바뀌는 부분을 확인할 수 있다. 시간을 기준으로 볼 때 예 2의 내용은 1960년대 이전, 1960년대 이후, 1990년대 이후로 구분할 수 있다. 독자는 각 시기별로 다른 시기와 구별되는 특징을 찾아야 하는데, 예 2에서는 특히 변화의 요인을 함께 파악해야 한다. 1960년대는 사회 구조적 변화로 가족의 규모가 축소되었다. 1990년대 이후는 출산율의 감소로 가족의 형태가 다원화되었다.

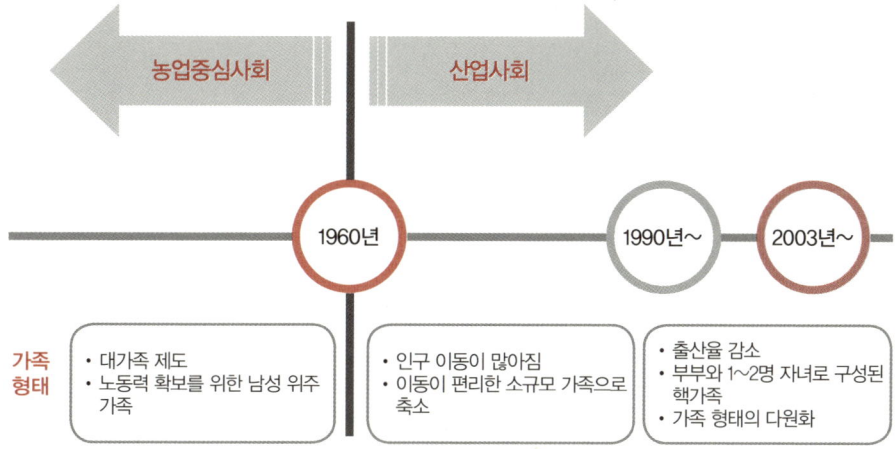

농업중심사회 | 산업사회

1960년 1990년~ 2003년~

| 가족
형태 | • 대가족 제도
• 노동력 확보를 위한 남성 위주 가족 | • 인구 이동이 많아짐
• 이동이 편리한 소규모 가족으로 축소 | • 출산율 감소
• 부부와 1~2명 자녀로 구성된 핵가족
• 가족 형태의 다원화 |

(3) 비교 – 대조형

비교 – 대조형은 둘 이상의 대상을 견주어 공통점과 차이점을 밝히는 설명 방식이다. 이때 유사점은 비교를, 상이한 점은 대조를 통해 설명하는데 글에서는 보통 비교와 대조를 동시에 사용하기도 한다. 특정한 대상을 온전히 그려내기 위해서는 유사한 점과 상이한 점을 동시에 설명하는 것이 효과적이기 때문이다. 둘 이상의 대상을 왜 비교하는지, 비교하는 기준은 무엇인지, 공통점과 차이점 중 무엇을 강조하는지에 유의할 필요가 있다.

예 3

바이러스 중 대표적으로 비교되는 것이 감기 바이러스와 에볼라 바이러스다. 둘은 그 속성이 비슷하지만 인간에게 미치는 영향 면에서 차이가 있다. 전자는 인간에게 고통을 주기는 하지만 인간을 결정적으로 파괴하지는 못한다. 이와 달리 후자는 인간의 생명을 단번에 위협할 가능성이 있다. 이것이 바로 사회가 에볼라 바이러스보다 감기 바이러스 퇴치에 상대적으로 노력을 덜 쏟고 있는 이유이다.

– 한국어능력시험(23회) 고급 읽기 중에서

예 3은 대표적인 바이러스에 대한 글이다. 글에서 견주고 있는 대상은 '감기 바이러스'와 '에볼라 바이러스'이다. 두 대상이 '바이러스'라는 속성은 같다. 이것은 둘 사이의 공통점이라 볼 수 있다. 그런데 두 대상이 '인간에게 미치는 영향 면'에서는 상이하다. 즉 에볼라 바이러스는 위협적이지만, 감기 바이러스는 덜 위협적이라는 점에서 둘 사이의 차이가 난다. '달리, 차이가 난다'와 같은 표현을 통해 비교 – 대조형임을 비교적 쉽게 파악할 수 있다. 윗글의 내용을 정리하면 다음과 같다.

		감기 바이러스	에볼라 바이러스
공통점 —	속성	바이러스	
차이점 —	인간에게 미치는 영향	치명적이지 않음	생명을 단번에 위협함

(4) 원인 – 결과형

원인 – 결과형은 어떤 사태가 발생한 이유와 그 결과를 설명하는 방식이다. 이때 무엇이 원인이고 무엇이 결과인지 파악할 필요가 있다. 원인은 여러 가지인데 나타나는 결과는 하나일 수도 있고, 한 가지 원인으로 인해 여러 가지 결과가 생겨날 수도 있다. 또 일의 순서상 원인은 결과에 앞서 발생하지만, 이 결과가 다른 결과의 원인이 될 수 있다는 점에 우리는 유의해야 한다.

〈원인—결과의 관계〉

원인 A		결과 A	결과 B
		원인 B	

2018년 대한민국은 65세 이상 노령 인구가 전체 인구의 14.3%를 차지해 본격적인 고령 사회에 접어들 것으로 보이며, 마침내 2026년에는 그 비율이 20%를 넘는 초고령 사회로 진입할 전망이다. 매우 빠르게 고령화되어 '역동적인 대한민국'은 옛말이 되고 있다. 세계적으로 볼 때 고령화는 평균 수명의 증가로 인해 시작된 현상이지만 대부분의 선진국들에서는 출산율의 저하가 실질적으로 더 심각한 원인이다. 대한민국의 고령화가 가속화되는 이유도 평균 수명의 증가보다는 급격한 출산율의 저하 때문이다.

– 최재천(2010) 『당신의 인생을 이모작하라』 중에서

예 4는 '고령화의 원인'에 대한 글이다. 글의 내용은 크게 한국이 고령화될 것임(전망)과 한국 고령화의 두 가지 원인으로 나뉜다. '– 로 인해', '원인이다', '때문이다' 등과 같은 표현을 통해 문제의 원인을 비교적 쉽게 파악할 수 있다. 글에서는 문제의 원인으로 '평균 수명의 증가'(원인 1)와 '급격한 출산율 저하'(원인 2)를 지적하고 있다. 핵심 원인을 중심으로 내용을 도식화하면 다음과 같다.

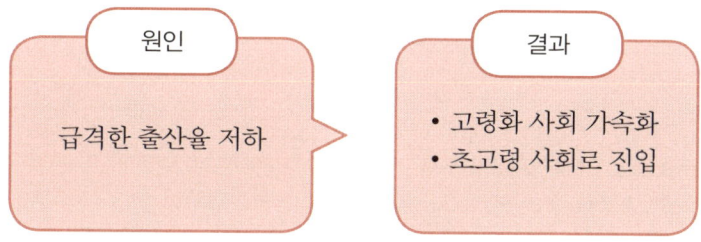

원인 / 급격한 출산율 저하

결과
• 고령화 사회 가속화
• 초고령 사회로 진입

(5) 문제 – 해결형

문제-해결형은 문제점을 제기하고 그 문제에 대한 해결책 또는 대안을 제시하는 설명 방식으로, 주로 설득적인 글에서 사용된다. 필자가 왜 문제를 제기하는지, 해결 방법은 무엇인지 파악할 필요가 있다. 이때 하나의 문제점에 대해 여러 가지 해결책이 제시될 수 있고, 여러 문제점에 대해 한 가지 해결책이 제시될 수 있음에 유의한다.

예 5

해양 오염의 주원인은 유조선 사고에서 찾을 수 있고, 이를 최대한 막기 위해서 유조선 사고 담당 전문가를 두고, 필요한 장비를 갖추는 노력이 필요하다. 아직까지는 여기에 쓸 기금이 부족한 상태지만, 관련된 법이 만들어지면 해양 오염을 예방할 수 있을 것으로 기대된다.

– 김봉순(2002)『국어교육과 텍스트의 구조』 중에서

예 5의 해양오염에 대한 글이다. '해양 오염은 유조선 사고가 주원인이다'라는 문제를 밝히고, 해결 방법으로 '유조선 사고 담당 전문가의 배치'와 '필요 장비의 구비'를 제시하였다. 이 내용을 도식화하면 다음과 같다.

문제점
해양 오염의 주원인은 유조선 사고이다.

→

해결책
1. 유조선 사고 담당 전문가를 배치한다.
2. 필요 장비를 구비한다.

문제 – 해결형

1. 다음 글을 읽고 답하십시오.

> 인간의 행위는 세 가지 기본적인 토대 위에서 일어난다. 첫째는 자기 자신의 이익을 바라는 이기심에서이고, 둘째로 남의 손실을 바라는 배타심에서이며, 셋째는 남의 이익을 바라는 동정심에서이다. 그러므로 이것이 발전하면 고귀하고 관대한 덕성이 길러지는 것이다.
>
> – A.쇼펜하우어 저, 최현 역(1997)『쇼펜하우어 인생론』중에서

1) 윗글의 설명 방식과 관계 있는 것에 표시하십시오.

☐ 열거형   ☐ 시간적 서술형   ☐ 비교 – 대조형

☐ 원인 – 결과형   ☐ 문제 – 해결형

2) 윗글의 주제를 쓰십시오.

3) 윗글의 중심 내용을 아래에 정리하십시오.

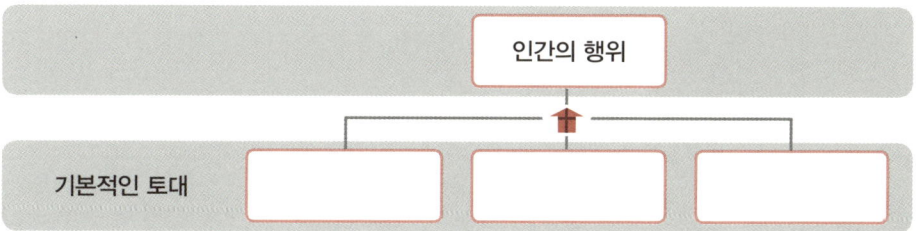

2. 다음 글을 읽고 답하십시오.

> 아놀드 토인비(A. Toynbee)는 역사를 '자연의 도전에 대한 인간의 응전'으로 보았으며 역사철학자인 헤겔(Hegel)은 '절대 정신이 변증법적으로 자기 발전하는 것'을 역사라고 하였다. 그런가 하면 익히 알려진 에드워드 카(E. Ⅱ. Carr)는 '역사란 역사가와 사실 사이의 부단한 상호작용의 과정이며, 현재와 과거와의 끊임없는 대화'라고 규정했다. 한편 우리나라의 대표적 민족사학자인 단재 신채호(丹齋 申采浩)는 역사를 아(我)와 비아(非我)의 투쟁(鬪爭)이라고 정의한 바 있다. 이렇듯 역사란 역사가의 처한 상황과 조건에 따라 그 정의를 달리 한다. 만일 토인비가 식민지 지배를 받고 있던 일제시대 한국에 살았다면 그의 정의는 달라졌을 것이다.
>
> — 윤경로(1998)『역사란 무엇인가』중에서

1) 윗글의 설명 방식과 관계 있는 것에 표시하십시오.

☐ 열거형	☐ 시간적 서술형	☐ 비교 – 대조형
☐ 원인 – 결과형	☐ 문제 – 해결형	

2) 윗글의 주제를 쓰십시오.

3) 윗글의 중심 내용을 아래에 정리하십시오.

역사란	자연의 도전에 대한 인간의 응전(아놀드 토인비)

3. 다음 글을 읽고 답하십시오.

청년실업은 중·장기적으로 청년실업자의 노동기회를 축소시킨다. 청년들이 노동시장 진입초기에 겪게 되는 미취업은 잠재적인 노동수요자들에게 '부적절한 노동자(inappropriate workers)'라는 인식을 갖게 해 취업을 하는데 더욱 어려움을 겪도록 한다. 따라서 기업은 이들의 채용을 꺼리게 되어 장기적으로는 비정규직과 단기적인 일자리를 구할 가능성을 증대시킨다.(채구묵, 2007: 36) 또한 청년실업은 상당한 사회적 비용과 부작용을 야기시킨다. 학교를 졸업하고 신규로 사회에 진입하려는 청년들은 경기 악화로 인해 전공과 무관한 취업으로 빈번한 이직이 발생하여 재교육 비용이 늘어나게 된다. 따라서 고학력의 대졸 이상자가 전문대학이나 직업전문학교 등에 다시 진학하는 사례가 점차 증가하고 있다.

– 장천복(2007) 「청년실업의 실태, 원인 및 대책에 관한 연구」 중에서

1) 윗글의 설명 방식과 관계 있는 것에 표시하십시오.

☐ 열거형　　　　☐ 시간적 서술형　　　　☐ 비교 – 대조형
☐ 원인 – 결과형　　　☐ 문제 – 해결형

2) 윗글의 주제를 쓰십시오.

3) 윗글의 문맥을 활용하여 의미하는 바를 추론하여 설명하십시오.

• 부적절한 노동자:

4) 윗글의 중심 내용을 아래에 정리하십시오.

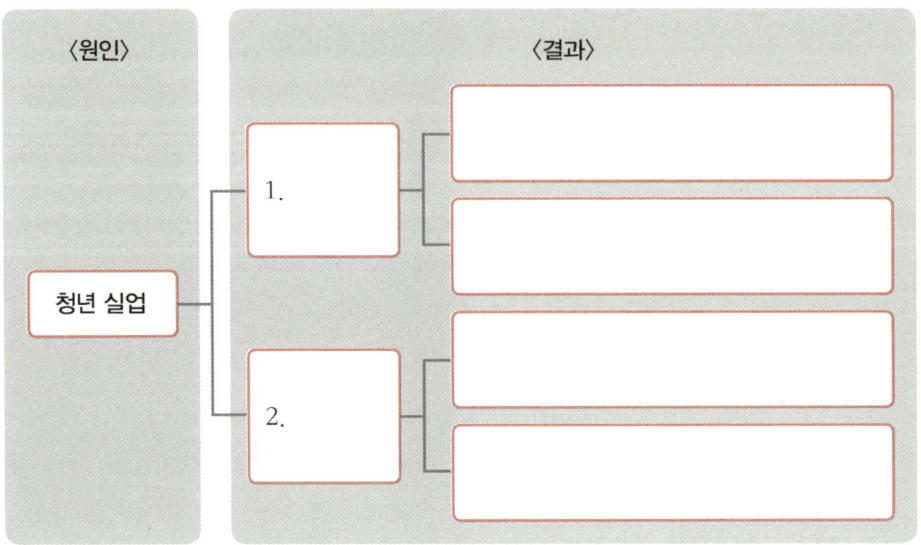

5) 윗글의 내용과 일치하면 ○표, 일치하지 않으면 ✕표 하십시오.

① 청년 실업은 장기적으로는 청년들의 일할 기회를 축소하는 결과를 가져온다.
　　(　)

② 기업들은 초기 취업에 성공하지 못한 청년들에 대해 부정적 인식을 갖고 있다.
　　(　)

③ 청년 실업으로 인한 사회적 비용은 그리 많지 않다. (　)

④ 청년들이 전공과 상관없이 취업하기 때문에 직장을 옮기는 일이 빈번하게 일어난다. (　)

⑤ 더 많은 보수를 받기 위해서 고학력자들이 직업전문학교에 진학하고 있다. (　)

4. 다음 글을 읽고 답하십시오.

　어떤 일과 관련해 뜻이나 태도를 정할 때 쓰는 말로 '마음먹다', '결심하다', '결정하다', '작정하다', '작심하다' 같은 것이 있는데, 이 중에서 '마음먹다'와 '결심하다'라는 토박이말 – 한자어 쌍이 가장 일상적으로 쓰인다.

　'결심하다'와 '마음먹다'는 서로 바꾸어 쓸 수 있는 경우가 많으나, 다만 '결심하다'에는 '마음먹다'에 비해 한층 단호한 의지가 덧붙어 있다. '마음먹다'와 '결심하다'를 의지의 강도로 비교해본다면, '결심하다'는 '단단히 마음먹다', '굳게 마음먹다', '무슨 일 있어도 해내기로 마음먹다' 정도가 될 것이다. 따라서 뭔가 해내기 어려운 일을 하기로 마음을 다잡거나 뜻을 정했을 때에는 '결심하다'가 적절하다. "야근을 하기로 마음먹었다", "담배를 끊기로 마음먹었다"와 같은 표현도 얼마든지 가능하지만, 이때 '마음먹다'를 '결심하다'로 바꾸면 훨씬 비장하고 결연한 느낌이 살아난다.

　"그는 마라톤에 인생의 승부를 걸겠다고 결심했다", "그가 귀국할 때까지 기다리기로 결심했다", "그들은 대북 의료지원 사업에 일생을 바치기로 결심했다"에서 보듯이, '결심하는' 일은 실현하기 힘들거나 실천이 어렵고 긴 시간을 요하는 경향이 있다. 물론 이런 경우에 '마음먹다'를 써도 문맥이 크게 어그러지지는 않지만, '결심하다' 쪽이 말하는 이의 뜻을 더 잘 전달해준다.

　덧붙여서, '마음먹다'와 '결심하다'는 구문을 이루는 방식에 다소 차이가 있다. 대개 토박이말 서술어가 그러하듯이, '마음먹다'는 명사를 목적어로 취하기보다는 '굳게', '단단히', '모질게' 같은 부사어들과 어울리는 편이다. 여기에는 '마음먹다'가 '마음을 먹다'에서 온 만큼 이미 낱말 자체에 목적어가 들어 있어서 또 다른 목적을 취하기 어렵다는 요인도 작용을 하고 있다. 그래서 "취직을 결심하다"는 되지만 "취직을 마음먹다"는 곤란한 것이다.

　　　　　　　　　　　　　　　　　　– 김경원 외(2007) 『국어실력이 밥 먹여준다』 중에서

1) 윗글의 설명 방식과 관계 있는 것에 표시하십시오.

☐ 열거형   ☐ 시간적 서술형   ☐ 비교 – 대조형
        ☐ 원인 – 결과형   ☐ 문제 – 해결형

2) 윗글의 주제를 쓰십시오.

3) 윗글의 중심 내용을 아래에 정리하십시오.

	마음먹다	결심하다
공통점		
차이점		

4) 윗글의 내용과 일치하면 ○표, 일치하지 않으면 ✕표 하십시오.

① '결심하다'는 '마음먹다'에 비해 의지의 강도가 높다. (   )

② '결심하다'보다 '마음먹다'가 훨씬 비장하고 결연한 느낌이 강하다. (   )

③ '마음먹다'는 '굳게', '단단히' 같은 부사어들과 어울리는 편이다. (   )

5. 다음 글을 읽고 답하십시오.

　　지금까지 이 연구는 대학생들의 말하기 교육 현황과 이에 대한 개선 방안을 모색해 보았다. 오늘날 현대인에게 요구되는 가장 중요한 능력은 바로 의사소통 능력이다. 세계화·글로벌화에 따른 서구의 스피치 문화가 도입되면서 특히 말하기 능력에 대한 사회적인 관심이 더욱 높아지고 이로 인해 인재 선발에서도 말하기 능력이 핵심적인 경쟁력으로 작용하고 있다. 이러한 말하기 능력의 필요성 증대와 수요에 따라 대학도 점차 변화되고 있는 추세이지만, 아직은 개선되어야 할 부분이 많다.

　　국내 대학의 경우, 교양 교육에 대한 관심이 높아지면서 글쓰기와 말하기 등 의사소통 관련 교육도 강화되고 있지만 아직은 주로 글쓰기에만 치중된 경향이 있다. 즉, 체계화된 말하기 교육 방안이 매우 부족한 실정이다. 외국 대학의 경우, 말하기와 글쓰기 교육이 통합적으로 균형있게 시행되고, '기초 – 심화 – 전공 연계' 과정으로 단계화되어 있어서 학생들이 4년 체계적인 교육을 받을 수 있도록 구성되어 있다.

　　따라서 사회적 요구와 변화에 따라 대학 말하기 교육도 확대 시행될 필요가 있으며 단계화된 통합 교육, 수업 내용의 다양화, 표준화된 교육 방법 등의 방안이 시급히 마련되어야 한다. 이러한 문제 외에도 효율적인 강좌 운영을 위해 말하기 교육을 전공한 전문 교수자 및 튜터의 안정적인 확보 방안, 수업 모형 개발, 주제별 강좌 확대 방안, 효율적인 수업을 위한 인원수 제한 등은 지속적인 논의가 필요한 부분이다. 말하기의 중요성 인식, 이에 따른 말하기 교육의 필요성 증대와 수요는 사회적 필요와 요구에 따른 것이며 대학은 이에 부응해야 할 것이다. 이를 위해서는 대학의 말하기 교육에 대한 폭넓고 심화된 연구가 활성화되어야 할 것이다. 기존의 다양한 연구 결과를 현장 교육에 활용할 수 있는 방안도 모색해야 할 것이다.

– 전은진(2012) 「대학생 말하기 교육의 현황과 개선 방안」 중에서

1) 윗글의 설명 방식과 관계 있는 것에 표시하십시오.

□ 열거형	□ 시간적 서술형	□ 비교 – 대조형
	□ 원인 – 결과형	□ 문제 – 해결형

2) 윗글의 중심 내용을 아래에 정리하십시오.

〈문제점〉

↓

〈해결책〉

3) 윗글의 내용과 일치하면 ○표, 일치하지 않으면 ✕표 하십시오.

① 말하기 교육에 대한 요구가 과거에 비해 줄어들고 있으므로 개선 방안이 모색 되어야 한다. (   )

② 서구의 스피치 문화가 도입되면서 한국 대학도 말하기와 글쓰기 교육이 통합 적으로 시행되고 있다. (   )

③ 외국 대학의 경우 교양 교육에 대한 관심이 높아지면서 주로 글쓰기에 치중된 경향이 있다. (   )

④ 효율적인 말하기 강좌 운영을 위해서는 전문 교수자가 안정적으로 확보되어야 할 것이다. (   )

제7강

지시 관계를 해석하라

지시 관계를 해석하라

글에서 지시어는 앞에서 언급한 단어나 문장, 내용 등을 뒤에서 다시 언급할 때 대신해서 사용하는 말로, 앞뒤의 내용을 이어주는 역할을 한다. 그래서 지시어를 잘 파악하면 문장이나 단락 간의 의미 관계는 물론 글 전체의 내용을 수월하게 이해할 수 있다.

지시어는 '이/그/저'의 형태를 기본으로 하여 여러 형태가 사용된다. '이/그/저'는 필자와 대상 간의 물리적 거리나 심리적 거리를 나타내는데, 학술적인 글에서는 주로 '이/그'의 형태가 사용된다.

지시어는 글 속에서 다양한 형태로 나타난다. 우선 '이/그' 형태만으로 쓰이기도 하고, 그 뒤에 '이/그'의 수식을 받는 명사가 나타나기도 한다.

- 이에 따르면/그에 따르면, 이로 인해/그로 인해, 이와 같이/그와 같이
  이 문제/그 문제, 이 주장/그 주장, 이 말/그 말

그리고 '이것/그것/저것', '이때/그때/저때'와 같이 다른 단어와 결합하여 새로운 단어를 이루기도 한다.

- 이것으로/그것으로, 이때부터/그때부터

형용사인 '이러하다(이렇다)/그러하다(그렇다)'도 '이/그'처럼 지시의 기능을 한다.

- 이런 문제/그런 문제, 이런 이유/그런 이유, 이렇게/그렇게

'이/그' 형태 이외에도 '전자/후자', '위/아래', '앞/뒤' 등도 지시의 기능을 할 수 있다.

- 전자는/후자는, 전자의 경우/후자의 경우
  위의 사건/아래의 사건, 위에서 언급한 대로/아래에 언급한 대로
  앞의 내용/뒤의 내용, 앞에서 언급했듯이/뒤에서 언급하겠지만

글의 내용을 정확히 이해하기 위해서 지시어가 가리키는 것이 무엇인지 꼼꼼히 따질 필요가 있다.

예 1

> 컴퓨터상에 가상의 X축, Y축, Z축으로 입체 공간을 만들고, <u>그 공간</u>에서 3차원
> (a)
> 모델이나 캐릭터를 등장시켜 움직임을 재현한 것을 3D 컴퓨터 애니메이션이라
> 고 한다. 우주 탐험, 군사 프로젝트, 의학 연구, 교육용 교재, 인터넷과 게임 등에
> 서 발전해 온 3D 컴퓨터 애니메이션은 테크놀로지의 발전과 병행하여 미학적 도
> 전을 계속해 왔다.
>   — 이용배(2003)『애니메이션의 장르와 역사』중에서

예 1은 '3D 컴퓨터 애니메이션'에 대한 글이다. 여기에서 지시어 (a)'그 공간' 이 가리키는 것은 앞 문장의 '입체 공간'이다. '그 공간' 대신 '입체 공간'을 넣어 읽어도 글의 흐름에 전혀 어색함이 없다.

뉴턴의 운동 방정식에서 물체에 가해지는 힘(F)은 질량(m)에서 가속도(a)를 곱한 것이다. 즉 F=ma이다. 여기서 F는 force, mass는 질량, acceleration은 가속도를 가리킨다. 이를 속도에 대해서 풀면 a=F/m가 된다. 해석하면 속도는 힘에
(a)
비례하고 질량에 반비례한다.

– 이영직(2010)『세상을 움직이는 100가지 법칙』중에서

예 2는 '뉴턴의 운동 방정식'에 대한 글이다. 글 속의 지시어 (a)'이'가 가리키는 것은 앞에 제시된 'F=ma'이다. 따라서 (a)'이' 대신 'F=ma'를 대입해 보면 'F=ma를 속도에 대해서 풀면 a=F/m가 된다.'라는 문장이 된다.

이처럼 지시어가 앞에 제시된 단어나 문장 등을 대신하는 경우 지시어를 그 단어나 문장 등으로 그대로 바꾸어 써도 문장이 어색해지지 않는다.

올 초, 정부는 담뱃값을 기존의 80%나 인상하며 강력한 금연 정책을 추진하였다. 그러나 이와 같은 담뱃값 인상으로 인한 흡연율의 감소는 지속성이 떨어진다. 한 편의점 업체의 담배 판매량을 통해 알 수 있듯이, 전년 동기 대비 1월에는 -33%, 2월 -21%, 3월 -15%, 4월 20일 기준으로는 -12%로 시간이 지날수록 감소율이 현저히 떨어지고 있기 때문이다. 덧붙여, 최근에는 담배 포장지에 '순하다', '연하다', '마일드' 같은 가볍고 부드러운 느낌을 주는 단어들의 사용을 금지하도록 법이 바뀌었다. 그러나 이러한 단어들을 대신해 '상쾌한', '부드러운' 등의 수식어가 등장해 '밑 빠진 독에 물 붓기 식'의 상황이 되어버렸다.

이와 같은 상황에서 '담뱃갑 경고 그림'의 도입은 임시방편의 해결책이 아닌
(a)
장기적이고 지속 가능한 금연 정책이 될 수 있다. 담뱃갑에 붙어 있는 사진 1장은 그 역할을 톡톡히 할 것이다.

– 김보규 외(2015)『스무살, 세상을 만나다』중에서

예 3은 '금연 정책'에 대한 글이다. 글 속의 지시어 (a)'이와 같은' 상황은 앞에 제시된 내용 전체를 말한다. 즉 담뱃값 인상으로 인한 흡연율 감소가 지속적이지 못하고, 담배 포장지에 가볍고 부드러운 느낌을 주는 단어들의 사용을 금지하는 법이 실효성이 없는 상황을 말한다. 이처럼 지시어는 특정 단어나 문장이 아니라 앞에 제시된 내용 전체일 수도 있다.

1. 다음 글을 읽고 답하십시오.

> 우리가 진실이라고 부르는 상당수 혹은 합의(consensus)에 의해 옳은 것으로 인식된 것이다. 이는 인습적 지혜이다. '모든 사람들이 X를 진실이라고 알고 있다. 그러므로 X는 진실임에 틀림없다'는 식이다. 우리는 보통 의심없이 가족, 친구, 동료와 주변 문화로부터 합의된 진실을 받아들인다. 무리의 뒤를 쫓아 모두가 호수로 뛰어들어 빠져죽는 나그네 쥐, 레밍의 시대정신을 형성하는 것이다. 무리를 쫓으면 생각할 필요도 없으며, 집단이 믿는 진실은 논란의 여지도 없다. 틀려도 자신의 어리석음이 드러나지 않는다. 똑똑한 사람들조차 그렇게 믿기 때문이다.
>
> – 김중웅 옮김(2006)『앨빈 토플러의 부의 미래』중에서

(ㄱ)

1) 윗글의 주제를 쓰십시오.

2) 윗글에서 밑줄 친 (ㄱ)이 가리키는 것은 무엇입니까?

　(ㄱ) 이는:

3) 윗글의 문맥을 활용하여 다음을 설명하십시오.

　• 인습적 지혜:

4) 윗글의 내용과 일치하면 ○표, 일치하지 않으면 ✕표 하십시오.

　① 우리는 주변 문화로부터 받아들인 인습적 지혜를 가지고 있다. (　　)
　② 우리는 집단에 의해 합의된 진실을 그대로 믿도록 강요받는다. (　　)

2. 다음 글을 읽고 답하십시오.

> 요컨대 UFO '현상'은 의심의 여지없이 존재한다. 다만 그 현상의 정체가 무엇
> (ㄱ)
> 이냐는 것이 문제일 뿐이다. 지난 70여 년간 그 정체에 대한 해답으로써 제시된
> 주장들은 무수히 많다. 비행기나 풍선, 인공위성, 유성, 금성 등을 잘못 본 단순 착
> 각부터 시작해서 가장 널리 알려지고 또 인기 있는 '외계 비행체설'을 필두로 생
> 명체설, 타임머신설, 구정 현상설, 전기 자극 등으로 유발된 망상설, 집단무의식
> 발현설, 지하 문명의 비행체설, 강대국이나 나치 잔당의 비밀무기설, 차원 이동설,
> 마인드콘트롤설 등등 상상이 가능한 거의 모든 설명이 총동원되고 있다고 봐도
> 무방하다. 이러한 상황은 UFO 목격담이나 증거 중 최소한 일부는 상식적인 방법
> (ㄴ)
> 으로는 설명하기 어렵다는 점을 방증한다.
>
> — 원종우(2014) 『태양계 연대기』 중에서

1) 윗글의 주제를 쓰십시오.

2) 윗글에서 밑줄 친 (ㄱ)~(ㄴ)이 가리키는 것은 무엇입니까?

　　(ㄱ) 그 현상:

　　(ㄴ) 이러한 상황:

3) 윗글의 내용과 일치하면 ○표, 일치하지 않으면 ✕표 하십시오.

　　① 지난 70년간 UFO의 정체에 대해 많은 주장이 있었다. (　　)

　　② UFO에 대한 모든 주장은 상식적인 방법으로 설명이 가능하다. (　　)

3. 다음 글을 읽고 답하십시오.

자아에 대한 관심은 오래 전부터 존재해 왔으며, 그 철학적이고 심리학적인 토대는 17세기 프랑스의 수학자이자 철학자인 데카르트(Descartes)에서 비롯되었다. 그는 철학적인 관점에서 자아를 논의하였으며 경험적이거나 과학적인 연구에는 자아 개념이 적절하지 못한 것으로 보았다. 그러나 20세기에 들어서서 자아라는 개념에 대한 연구는 쿨리(Cooley), 미드(Mead), 듀이(Dewey), 제임스(James) 등과 같은 학자들에 의하여 다시 활발하게 진행되었으나 지금까지 자아 개념은 아직 완벽하게 정립되지 않았지만 수많은 사회심리학적 연구에 주제가 되어 왔다.

자아란 한 개인이 자기 스스로에게 부여하는 모든 특성들의 구조물이다. <u>이러한 특성</u>에는 주로 형용사가 붙는 평가적 특성(잘 생겼다, 똑똑하다, 너그럽다 등)과
(ㄱ)
주로 명사로 표현되는 역할이나 지위를 가리키는 이름(어린이, 의사, 대학생 등)이 있다. 즉 한 개인의 자기평가와 관련된 모든 특성들의 구조물을 자아라고 할 수 있다.

만일 누군가가 우리에게 "당신은 누구입니까?"라는 질문을 던진다고 가정해 보자. 우리들 대부분은 <u>이러한 질문</u>에 대하여 명확하게 대답하기 어려울 것이다. 그
(ㄴ)
러나 신체적인 용모, 성격의 특징, 내가 하는 일 등과 같이 매우 구체적으로 나는 누구인지에 대하여 하나씩 적어본다면 우리는 보다 쉽게 나에 대한 물음에 대답할 수 있을 것이다.

－이동원·박옥희(2000) 『사회심리학』 중에서

1) 윗글의 주제를 쓰십시오.

2) 윗글에서 밑줄 친 (ㄱ)~(ㄴ)이 가리키는 것은 무엇입니까?

　(ㄱ) 이러한 특성:

　(ㄴ) 이러한 질문:

3) 윗글의 내용과 일치하면 ○표, 일치하지 않으면 ✕표 하십시오.

① 자아에 대한 철학적, 심리학적 연구는 데카르트로부터 시작되었다. ( )

② 20세기에 와서 자아에 대한 연구가 활발하게 이뤄진 결과, 철학적 개념이 확실하게 정립되었다. ( )

③ 자아는 한 개인의 자기평가와 관련된 모든 특성들의 구조물을 말한다. ( )

4. 다음 글을 읽고 답하십시오.

사람이 일생에 걸쳐 받게 되는 교육 가운데 유아기의 교육은 보통 '금지'에서 출발한다. 아직 어린 아이들은 부모의 품 안에서 사회의 일원으로서 살아가는 데 필요한 규율을 금지를 통해 배우는 것이다.

이후 청소년기를 거치면서 교육은 학교라는 울타리 안에서 지식을 익히는 것으로 전환되는데, 이것은 이전과는 다른 교육이다. 학교에서의 교육은 타인에게 인정받고 주체적으로 살아가기 위한 윤리와 규범, 그리고 실용적 학문의 기초를 배우는 것이다.
(ㄱ) (ㄴ)

그 다음에는 대학을 거쳐 사회로 진출하게 된다. 대학 시기의 교육은 기능인으로서 필요한 학습이 주를 이룬다. 학문에서 이룬 성취, 교육시스템에서 익힌 기능의 숙련도가 이 시기에 확연한 차이로 드러난다. 이때 드러난 차이는 신속하게 거리를 좁히지 못하는 한 거의 평생 동안 유지되기도 한다.
(ㄷ) (ㄹ)

이것은 우리 모두에게 주어지는 (가)공통의 과정이다. 그렇다면 이 공통의 과정에서의 우열이 과연 사회적 성공이나 개인적 성취를 담보해 줄까? 공통 과정의 좋은 결과가 이후 상황을 유리하게 만드는 것은 사실이지만, 실제 뛰어난 성과를 내는 핵심은 사실 공통된 부분이 아니라 선택적인 부분에 있다. 여기서 말하는 (나)선택적인 부분이란 독서, 체험, 놀이 등 다양한 학습변수들이다.

이 중에서 아무리 강조해도 지나치지 않은 것이 독서다. 소위 공통의 교육과정에서는 성과의 높낮이, 즉 차이만 강조된다. 그러나 독서는 완전히 차별적인 성과의 잣대를 제공한다.
(ㅁ)

독서는 간접체험을 통해 정규교육에서 얻을 수 없는 지혜를 연마해 주고, 다른 사람의 생각을 읽고 이해하는 능력을 키워주며, 다양한 분야를 통섭하는 방법을 알려준다. 독서를 통해 사람들이 각자 다르게 생각하는 언어와 말하는 언어를 배우고, 내 생각의 지평을 넓힐 수 있다. 이 점은 대단히 중요하다. 사람의 생각은 언어로 고정되어 있고, 언어는 맥락이 있어야만 뜻이 형성된다. 즉 어휘가 부족하면 생각이 풍부할 수 없고 언어를 맥락화할 수 없다면 체계적인 생각을 할 수 없다는 말과 같다. 우리가 흔히 말하는 '사유'란 맥락화된 생각을 가리킨다. 그래서 독서는 사유를 배우는 제 1의 수단이며 창의력의 보고라고 할 수 있다.

- 박경철(2011)『자기혁명』중에서

1) 윗글의 주제를 쓰십시오.

2) 윗글에서 밑줄 친 (ㄱ)~(ㅂ)이 가리키는 것은 무엇입니까?

　　(ㄱ) 이것:

　　(ㄴ) 이전:

　　(ㄷ) 그 다음에는:

　　(ㄹ) 이때:

　　(ㅁ) 이 중:

　　(ㅂ) 이 점:

3) 윗글의 (가)'공통의 과정'에 대해 설명하십시오.

4) 윗글의 (나)'선택적인 부분' 중 필자가 강조한 변수에 대해 설명하십시오.

5) 윗글의 내용과 일치하면 ○표, 일치하지 않으면 ✕표 하십시오.

　　① 유아기에는 금지를 통해 필요한 규율을 배운다. (　　)

　　② 성공에 영향을 주는 다양한 변수들 중 특히 독서는 강조되어야 한다. (　　)

제8강

주장과 근거가 타당한지 판단하라

주장과 근거가 타당한지 판단하라

설득을 목적으로 하는 글에는 필자의 주장과 그 주장을 뒷받침하는 근거가 제시된다. 주장은 필자가 전하고 싶은 의견이나 생각을 말하며, 근거는 필자의 주장을 뒷받침하는 내용을 말한다.

독자는 설득을 목적으로 하는 글을 읽을 때 우선 필자의 주장이 무엇이고 그 근거는 무엇인지 검토해야 한다. 그런 후에 필자의 주장과 근거가 타당한지 살펴봐야 한다. 주장을 뒷받침하는 근거는 논리적인 서술일 수도 있고 객관적인 사실이나 자료일 수도 있다. 특히 근거로 연구나 조사의 결과, 수치 등이 많이 제시되는데, 근거가 객관적이고 논리적이어야 독자는 필자의 주장이 타당하고 합리적이라고 생각하기 때문이다. 그러므로 독자는 근거의 출처는 어디인지, 신뢰할 만한 자료인지 등을 확인할 필요가 있다. 마지막으로 주장과 근거 사이에 논리적인 허점이나 오류가 없는지 반론의 여지는 없는지를 면밀히 따져 가며 읽어야 한다.

예 1

온도계에 사용되는 수은은 인체에 유해한 금속으로 신장이나 신경 계통에 손상을 줄 수 있다. 다량의 수은을 삼키거나 증기로 바뀐 수은을 흡입하면 중독될 수 있으므로 수은을 다루거나 폐기할 때는 조심해서 다뤄야 한다. 그러므로 부서진 온도계에서 나온 수은을 무심코 만지거나 쓰레기통에 그대로 버리지 말고 위험 물질로 분류하여 폐기해야 한다.

– 한국어능력시험(24회) 고급 읽기 중에서

예 1은 '온도계에서 나온 수은의 처리 방법'에 대한 글이다. 필자는 온도계에서 나온 수은을 위험 물질로 분류하여 폐기해야 한다고 주장하고 있다. 그 근거로 수은의 유해성과 수은을 다룰 때 생길 수 있는 문제를 제시하고 있다. 근거와 주장을 정리해 보면 다음과 같다.

근거

1. 수은은 인체에 유해한 금속으로 신장이나 신경 계통에 손상을 줄 수 있다.
2. 다량의 수은을 삼키거나 증기로 바뀐 수은을 흡입하면 수은에 중독될 수 있다.

주장

그러므로 온도계에서 나온 수은을 위험 물질로 분류하여 폐기해야 한다.

예 1의 필자는 일반적으로 알려진 과학적인 내용을 근거로 제시함으로써 주장의 타당성을 확보하고 있다.

예 2

지구 온난화를 유발하는 주요인은 이산화탄소로 알려져 있다. 이산화탄소는 화석 연료를 태우는 과정에서 발생한다. 그러므로 지구 온난화를 막기 위해 이산화탄소의 배출량을 줄일 필요가 있다. 이산화탄소의 배출량을 줄이는 방법 중 하나가 물을 절약하는 것이다. 왜냐하면 물을 가정까지 가져오고 물을 정화하는 데에 화석 연료가 사용되기 때문이다. 환경부 자료에 따르면 1인당 하루 물 소비량이 337L라고 한다. 4인 가정을 기준으로 했을 때 하루에 사용하는 물의 양은 1348L이며, 1348L의 물을 생산하는 데 0.22kg의 이산화탄소가 배출된다. 이를 기준으로 4인 가정이 1년 동안 배출하는 이산화탄소량을 계산하면 약 80kg이나 된다. 이처럼 물을 생산하는 과정에서 이산화탄소가 발생하므로 이산화탄소 배출량을 줄이기 위해 물을 아껴 써야 한다.

예 2는 '지구 온난화와 물의 사용'에 관한 글이다. 필자는 지구 온난화를 막기 위해 물을 아껴 써야 한다고 주장하고 있다. 근거와 주장을 정리해 보면 다음과 같다.

근거

1. 지구 온난화를 유발하는 주요인은 이산화탄소인데 이산화탄소는 화석 연료를 태울 때 발생한다.
2. 물을 가정까지 가지고 오고 물을 정화하는 데에 화석 연료가 필요하다.
3. 4인 가정이 1년 동안 배출하는 이산화탄소량은 약 80kg이다.

주장

따라서 지구 온난화를 막기 위해 물을 아껴 써야 한다.

예 2에서 필자는 일반적으로 알려진 과학적인 사실과 함께 기관(환경부)의 객관적인 수치를 제시함으로써 주장의 타당성을 확보하고 있다.

다음의 표현을 참고하면 주장과 근거를 파악하는 데 도움이 된다.

주장과 근거에 자주 쓰이는 표현

· 주장 ·	· 근거 ·
-아/어야 하다.	왜냐하면 -기 때문이다.
-는 것이 바람직하다/당연하다.	-라는 점을 생각하면
-은/는 것이 필요하다.	이유인즉
-로부터 -을/를 알 수 있다.	-과 같은 점을 생각하건대
-는 -을/를 보여준다.	-점에서 볼 때
-은/는 점은 분명하다/명백하다. 등	조사/연구 결과에 따르면
	~의 수치를 보면 등

1. 다음 글을 읽고 답하십시오.

> 펌프레이-고든(Phmphrey-Gordon)과 그로스(Gross)(2007)에 따르면 대학 내에 성적 공격, 원치 않는 성행동, 데이트 폭력과 같은 성관련 문제는 음주와 관련되어 있다. 본 연구자의 실험 결과에서도 술을 마신 뒤에 취중 일을 기억할 수 없는 등의 음주 문제 수준이 높아질수록 데이트 관계의 가해행동 역시 높게 나타났다. 그러므로 음주 문제를 가지고 있는 대학생의 경우 의사소통훈련이나 성감수성 훈련과 같은 데이트 폭력 예방프로그램을 실시해야 한다.
>
> ─ 양난미(2009)「대학생 문제음주와 데이트 폭력의 관계에서 특성 분노의 매개 효과」중에서

1) 필자의 주장과 근거를 쓰십시오.

주장	
근거	

2) 윗글의 주제를 쓰십시오.

3) 윗글의 내용과 일치하면 ○표, 일치하지 않으면 ✕표 하십시오.
   ① 고든과 그로스는 술과 데이트 폭력에 대해 연구하였다. (　　)
   ② 대학생의 데이트 폭력 예방을 위해서는 특별한 프로그램이 필요하디. (　　)
   ③ 음주 문제의 수준과 데이트 폭력 행동은 반비례한다. (　　)

2. 다음 글을 읽고 답하십시오.

> 세계화를 반대하는 또 다른 이유는 전 세계적으로 민족문화의 정체성이 크게 흔들리기 때문입니다. 원래 문화와 예술은 이윤을 남기기 위해 만들어지는 상품과는 성격이 매우 다릅니다. 인간만이 가진 꿈과 상상력의 표현, 한 사회가 가진 고유한 심성의 표현이 예술의 본래 모습인데도, 국가를 초월한 자본은 세계화의 깃발을 들고 팔릴 수 있는 문화와 예술만을 유통시켜 버립니다. 각 민족의 경계와 자율성은 깡그리 무시한 채 오로지 돈벌이가 되는 문화와 예술만이 전세계를 지배하고 있습니다. 그러다보니 자극적이고 선정적인 문화, 팔리기 위해서 만들어진 문화만이 소비될 뿐, 각 나라와 민족의 고유한 정서를 간직한 예술로서의 민족문화는 점점 사라져 갑니다. 선진국의 문화가 일방적으로 들어와 침투하면 우리 문화의 특수성은 당연히 약화될 뿐 아니라 우리 문화가 선진국의 문화에 종속되는 결과를 가지고 옵니다. 거대한 자본과 기술력을 가진 헐리우드 영화가 우리 영화를 집어삼키는 모습을 우리는 매일 보고 있습니다. 세계화는 이처럼 인류의 문화유산인 다양한 각국의 민족문화를 상업성이라는 잣대로 획일화시켜 버리는 것입니다.
>
> ─ 김범묵 · 윤영아(2011)『소통을 꿈꾸는 토론학교 사회 · 윤리』중에서

1) 필자의 주장과 근거를 쓰십시오.

주장	
근거	

2) 윗글의 주제를 쓰십시오.

3) 윗글의 내용과 일치하면 ○표, 일치하지 않으면 ✕표 하십시오.

① 초국가자본은 민족문화의 정체성이 드러나는 문화와 예술만 유통시킨다. (　)

② 민족의 고유한 정서를 간직한 민족 문화가 소멸되고 있는 실정이다. (　)

③ 세계화는 각국의 다양한 민족문화를 획일화시키고 있다. (　)

3. 다음 글을 읽고 답하십시오.

인도인에게 있어서 "소"는 꼭 필요한 농기계와 같은 존재이다. 서구에서와 같이 고기를 얻기 위해 소를 키우려면 목초지가 많이 필요한데, 인도의 여건은 그렇지 못하다. 만일 흉년이 들어 암소를 잡아먹게 되면 농기계를 없애는 것과 같고, 이는 다음 농사를 불가능하게 만들게 되므로, 인도인들은 소를 떠받든다.

이슬람교도와 유대인들이 "돼지"를 악마의 동물이라 하며 먹지 않는 것도 이와 비슷하다. 서남아시아는 건조 기후여서 돼지를 기르려면 많은 비용이 든다. 그러나 돼지고기는 맛이 매우 좋아서 부자들은 돼지를 길렀다. 그 결과, 나머지 가난한 사람들은 굶주리게 된 것이다. 이에 종교 지도자들은 돼지로 인해 공동체가 무너지는 것을 걱정하게 되었고, 결국 돼지를 악마의 동물로 규정지어 못 기르게 하였으며, 대신 맛은 없지만 사람이 먹을 수 없는 풀을 먹으면서도 고기와 털, 젖까지 제공하는 양을 기르게 해서 공동체 전체의 생존을 도모했다는 것이다.

마빈 해리스에 따르면 모든 문화는 '자신이 처한 환경'을 가장 슬기롭게 대처하고 극복하면서 만들어졌다. 따라서 우리는 어떤 문화 속에 숨어 있는 합리성을 살펴보아야 한다.

– 마빈 해리스 저, 박종렬 역(2000)『문화의 수수께끼』의 역자 서문 중에서

1) 필자의 주장과 근거를 쓰십시오.

주장	
근거	

2) 윗글의 주제를 쓰십시오.

3) 윗글에서 인도인들이 소를 떠받드는 이유를 쓰십시오.

4) 윗글에서 이슬람 사람들 양을 기르는 이유를 쓰십시오.

4. 다음 글을 읽고 답하십시오.

'담뱃갑 경고 그림 도입'에 관한 찬반 논란이 거세지고 있다. 오는 5월 1일 경고 그림을 의무화하는 국민건강증진법 개정안이 재심의 될 예정이다. 개정안은 담배 제조사가 담뱃갑 앞뒷면 면적의 50% 이상을 경고 그림과 경고 문구로 채우고 이 가운데 경고 그림의 비율이 30%를 넘도록 하는 내용을 담고 있다. 위반 시 담배 제조사는 1년 이하의 징역이나 1,000만 원 이하 벌금의 처벌을 받을 수 있고, 담배사업법에 따라 제조 허가를 박탈당할 수 있음을 포함한다. 필자는 개정안이 통과되어 담뱃갑 경고 그림 도입이 의무화되어야 한다고 생각한다.

경고 그림의 가장 큰 효과로 흡연자들의 흡연율 감소를 들 수 있다. 담뱃갑 경고 그림이 두려움을 주는 뇌 부위를 활성화시켜 흡연 욕구를 감소시키는 효과가 크기 때문이다. 실제로 이 제도를 시행하고 있는 다른 나라들의 사례를 통해 그 효과를 입증할 수 있다. 아래의 두 가지 표를 참고해 살펴보도록 하자. 표1 〈캐나다〉를 살펴보면, 2000년 24%였던 캐나다의 전체 흡연은 2001년 세계에서 처음 흡연 경고 그림을 도입한 뒤 2002년 21%로 떨어졌고, 이후에도 2004년 20%, 2006년 18%로 꾸준히 하락하고 있다. 또한 표2 〈브라질〉을 살펴보면, 2000년 31%였던 성인 흡연율이 2002년 경고 그림을 도입한 뒤 2003년에는 22.4%까지 낮아졌다. 남성 흡연율은 35.4%에서 27.1%로, 여성 흡연율도 26.9%에서 18.4%로 각각 떨어졌다. 이러한 실질적인 효과를 볼 때, 경고 그림은 OECD 국가 중 흡연율 1위를 달리고 있는 우리나라의 흡연율 하락에 크게 기여할 것이다.

〈표 1〉 캐나다

	2000년	2001년	2002년	2004년	2006년
전체 흡연율 (%)	24%	경고 그림 도입	21%	20%	18%

<表 2> 브라질

	2000년	2002년	2003년
성인 흡연율(%)	31.0%	경고 그림 도입	22.4%
남성 흡연율(%)	35.4%		27.1%
여성 흡연율(%)	26.9%		18.4%

– 김보규 외(2015) 『스무살, 세상을 만나다』 중에서

1) 필자의 주장과 근거를 쓰십시오.

주장	
근거	

2) 윗글의 주제를 쓰십시오.

3) 윗글의 내용과 일치하면 ○표, 일치하지 않으면 ✕표 하십시오.

① 담뱃갑의 30% 이상 크기로 경고 그림을 넣으면 흡연율을 낮출 수 있다. (   )

② 담뱃갑의 경고 그림이 여성 흡연율을 낮추는 데 효과가 있다는 증거가 있다. (   )

③ 우리나라는 전 세계에서 흡연율이 가장 높은 나라이다. (   )

④ 담뱃갑의 경고 그림으로 우리나라의 성인 흡연율이 낮아졌다. (   )

4) 〈표 1〉과 〈표 2〉의 내용을 아래의 예와 같이 설명하십시오.

〈표 1〉 캐나다

	2000년	2001년	2002년	2004년	2006년
전체 흡연율 (%)	24%	경고 그림 도입	21%	20%	18%

〈표 2〉 브라질

	2000년	2002년	2003년
성인 흡연율(%)	31.0%	경고 그림 도입	22.4%
남성 흡연율(%)	35.4%		27.1%
여성 흡연율(%)	26.9%		18.4%

예 〈표 1〉을 통해 캐나다의 전체 흡연율이 2002년 이후 감소하고 있음을 알 수 있다.

_____

_____

_____

_____

_____

5. 다음 글을 읽고 답하십시오.

1940년대 중반 미국 농촌전력화사업청이 조사한 결과를 보면, 전기세탁기와 전기다리미가 도입된 이후 17킬로그램에 달하는 빨래를 세탁하는 시간이 4시간에서 41분으로 줄어들어 거의 6분의 1로 단축되었고, 이를 다리미질하는 데 드는 시간도 4시간 30분에서 1시간 45분이 되어 5분의 2로 줄어든 것으로 나타났다. 수도시설은 물을 긷는 데 들이는 시간을 필요 없게 만들었다.(유엔개발프로그램 UNDP에 따르면 아직도 일부 개발도상국에서는 물을 긷기 위해 여자들이 매일 2시간을 소비한다고 하니, 수도가 절약해 준 시간은 엄청나다.) 진공청소기는 빗질과 걸레질을 해야 했던 옛날에 비해 시간은 훨씬 적게 쓰고도 집안을 몇 배나 청결하게 만드는 데 이바지했고, 가스(혹은 전기)레인지와 중앙난방 시스템은 난방과 조리에 필요한 땔감을 구하여 불을 피우고 그 불이 꺼지지 않도록 하며 사용 후 청소하는 데 필요한 시간들은 엄청나게 줄여 주었다. 그것만이 아니다. 〈중략〉

전기, 수도, 가스와 더불어 가전제품의 등장으로 가사 노동 부담이 줄어들면서 여성들의 삶이 완전히 변모했고, 그로 인해 남성들의 삶도 완전히 변모했고, 그로 인해 남성들의 삶도 크게 달라졌다. 가전제품은 훨씬 많은 여성들이 노동 시장에 참여할 수 있게 만들었다. 〈중략〉 여성들의 노동 시장 참여가 늘면서 가정과 사회에서 여성들의 지위도 확실히 높아졌다. 그 결과 남아 선호 사상이 약해지면서 여성에 대한 교육 투자가 늘어났고, 이것이 다시 여성들의 노동 시장 참여를 촉진시켰다.

더욱이 자녀 양육을 위해 직장을 포기하고 주부로만 지내는 여성의 경우에도 가정 내에서 지위가 올라갔다. 자신이 원하기만 하면 남편 곁을 떠나 혼자 힘으로 살아갈 수 있다는 위협이 설득력을 갖게 되었기 때문이다. 반면 여성들이 경제 활동에 나설 수 있는 기회가 늘어나면서 자녀 양육에 따르는 기회비용이 높아졌고, 그에 따라 자녀수가 줄어들었다. 이런 모든 것이 전통적인 가족 내의 역학관계를 바꾸었다. 세상에 엄청난 변화가 일어난 것이다.

– 장하준(2011) 『그들이 말하지 않는 23가지』 중에서

1) 필자의 주장과 근거를 쓰십시오.

주장	
근거	

2) 윗글의 주제를 쓰십시오.

3) 윗글에서 여성의 삶을 변화시킨 가전제품을 모두 열거하십시오.

4) 윗글의 내용을 바탕으로 하여 아래 표를 완성하십시오.

원인	
결과	– 여성의 노동 부담을 줄여줌 – 노동 시장에 참여할 기회가 늘어남 – – – – –

제9강

글의 중심 내용을
간단히 정리하라

9강
글의 중심 내용을 간단히 정리하라

독자는 글의 내용과 필자의 생각을 더 잘 이해하기 위해서 중심 내용을 파악하며 글을 읽어야 한다. 글을 아무리 잘 이해했다고 해도 그 내용을 기억하지 못한다면 글을 잘 읽었다고 볼 수 없다. 글의 내용을 이해하며 읽는 과정만큼 글의 중심 내용을 자신의 것으로 만들어 기억하는 것도 중요하다. 그래서 글을 읽은 후에 중요한 내용이나 기억해야 할 내용을 뽑아서 다시 정리하게 되는데 이것을 '요약'이라고 한다.

항목형으로 요약한 예	서술형으로 요약한 예
가족 규모와 유형의 변화 현대 사회는 과거에 비해 가족의 규모가 축소됨. • 과거: 농업 중심 사회 – 노동력 확보를 위해 → 남성 위주의 대가족 제도 ⬇ • 1960년대 이후 산업 사회가 형성되면서 인구의 이동이 많아짐 → 소규모의 가족으로 축소됨.	**가족 규모와 유형의 변화** 현대 사회는 과거에 비해 가족의 규모가 축소되었다. 농업 중심의 사회는 노동력의 확보를 위해서 남성 위주의 대가족 제도를 이루었다. 그러나 1960년대 이후 산업 사회가 형성되면서 인구의 이동이 편리한 소규모의 가족으로 축소되었다.

요약의 결과문은 문장의 형태일 수도 있고 단어나 구의 형태일 수도 있다. 요약은 독자의 필요에 따라 여러 유형으로 나뉘는데, 요약의 결과문을 단어나 구로 짧게 쓰는 것을 '항목형 요약'이라고 하고, 중요 내용을 또 다른 한 편의 글로 쓰는 것을 '서술형 요약'이라고 한다. 항목형 요약은 노트 필기에서 많이 사용되고, 서술형 요약은 시험 답안지를 작성할 때 많이 사용된다.

요약은 일반적으로 '선택'과 '삭제'의 과정에 따라 이루어진다. '선택'이란 글을 읽으며 중요한 내용을 골라서 뽑는 것이며, '삭제'는 중요하지 않거나 덜 중요한 것, 반복해서 나타나는 것을 빼는 것이다. 대개 주제와 관련이 있는 문장이나 필자의 견해나 주장이 드러나는 문장은 중요하므로 선택되고, 주제를 부연하여 설명하거나 이해를 돕기 위해 예를 들어 설명하는 문장은 삭제될 수 있다. 즉 어떤 글을 요약한다는 것은 중요한 내용을 찾아서 선택하고 중요하지 않은 내용을 삭제하는 과정이라고도 할 수 있다.

예 1

> 한옥의 공간적 특징 중 하나로 자유자재로 구조 변형이 가능하다는 점을 꼽을 수 있다. 한옥의 문을 모두 열면 각목으로 짠 상자 뼈대처럼 되는데, 여기서부터 문을 하나씩 닫을 때마다 집은 끊임없이 다양하게 변한다. 뚫리고 막히는 방향과 정도를 마음대로 조절할 수 있다. 이쪽을 막고 저쪽을 뚫을 수도 있고, 이쪽저쪽 다 막고 요쪽만 뚫을 수도 있다. 가히 가변형의 최고봉이라 할 만하다.
>
> – 한국어능력시험(24회) 고급 읽기 중에서

예 1은 '한옥의 공간적 특징'에 대한 글이다. 그러므로 '한옥의 공간적 특징'을 설명하는 중요한 부분에 우선 밑줄을 치고, 이 주제어와 관련이 없거나 반복되는 부분을 지운다. 그리고 밑줄 친 부분 중에서도 의미상 필요없는 단어나 표현을 지워 보자.

> 한옥의 공간적 특징은 ~~하나로 자유자재로~~ 구조 변형이 가능하다는 점을 꼽을 수 있다. 한옥의 문을 모두 열면 ~~각목으로 짠~~ 상자 뼈대처럼 되는데, ~~여기서부터~~ 문을 하나씩 닫을 때마다 집은 ~~끊임없이~~ 다양하게 변한다. 뚫리고 막히는 방향과 정도를 마음대로 조절할 수 있다. ~~이쪽을 막고 저쪽을 뚫을 수도 있고, 이쪽저쪽 다 막고 요쪽만 뚫을 수도 있다. 가히 가변형의 최고봉이라 할 만하다.~~

이렇게 선택과 삭제의 과정을 진행하고 남은 내용을 아래와 같이 정리할 수 있다. 노트 필기를 하듯이 중심 내용을 항목형으로 요약하거나 서술형으로 요약할 수 있다. 서술형으로 글을 요약할 때는 문장의 의미가 연결되도록 다시 한 번 문장을 다듬을 필요가 있다.

항목형으로 요약한 예	서술형으로 요약한 예
한옥의 공간적 특징: 구조 변형이 가능함. - 한옥의 문을 열면 → 상자 뼈대처럼 됨. - 문을 닫으면 집은 다양하게 변함. - 뚫리고 막히는 방향과 정도를 마음대로 조절할 수 있음.	한옥의 공간적 특징은 구조 변형이 가능하다는 점이다. 한옥의 문을 열면 상자 뼈대처럼 되는데, 문을 하나씩 닫을 때마다 집은 다양하게 변한다. 뚫리고 막히는 방향과 정도를 마음대로 조절할 수 있다.

글을 요약할 때 글의 내용을 간결하게 만들 수 있는 또 다른 방법으로 '대체'의 방법이 있다. '대체'는 비슷하거나 대등한 의미를 지닌 단어나 문장들을 묶어 그것들을 모두 포함할 수 있는 단어나 문장으로 바꾸는 것이다. 예를 들어 '사과, 배, 감' 등은 '과일'로 대체하여 표현할 수 있다.

120

우리 형제는 음식 취향이 아주 다르다. 큰형은 커다란 햄버거, 감자튀김, 피자, 치킨을 먹기 좋아한다. 항상 다이어트를 하는 누나는 양상추, 토마토, 당근, 후추, 브로콜리, 감자를 먹는다. 그리고 작은형은 과자, 아이스크림, 케이크나 그 외의 살찌게 하는 것을 시간이 날 때마다 먹는다. 그러나 나는 구운 삼겹살, 치킨, 장조림, 햄을 먹기 좋아한다. 왜냐하면 나는 배드민턴, 농구, 달리기, 수영을 하기 때문이다.

– 한철우 외(2001)『과정중심 독서지도』중에서

예 2는 형제의 음식 취향에 대한 글이다. 그러므로 형제가 좋아하는 음식과 관련된 부분을 선택하고 그 내용과 관련이 없는 부분을 삭제한다. 그리고 그런 음식을 좋아하는 이유도 중요한 내용이므로 선택한다.

우리 형제는 음식 취향이 ~~아주~~ 다르다. 큰형은 ~~커다란~~ 햄버거, 감자튀김, 피자, 치킨을 먹기 좋아한다. 항상 다이어트를 하는 누나는 양상추, 토마토, 당근, 후추, 브로콜리, 감자를 먹는다. 그리고 작은형은 과자, 아이스크림, 케이크나 그 외에 살찌게 하는 것을 ~~시간이 날 때마다 먹는다.~~ 나는 구운 삼겹살, 치킨, 장조림, 햄을 먹기 좋아한다. 왜냐하면 나는 배드민턴, 농구, 달리기, 수영을 하기 때문이다.

그런데 이 글에서 밑줄 친 부분을 정리해 보면 원글과 크게 차이를 보이지 않을 정도로 요약 내용이 많다. 이렇게 긴 요약을 줄일 수 있는 방법으로 '대체'를 사용할 수 있다. 우선 예시되어 있는 많은 음식들을 하나의 상위 개념어로 대체하는 것이다. '햄버거, 감자튀김, 피자, 치킨'은 '패스트푸드'로, '양상추, 토마토, 당근, 후추, 브로콜리, 감자'는 '채소류'로, '과자, 아이스크림, 케이크, 살찌게 하는 것'은 '고열량 식품'으로, '삼겹살, 치킨, 장조림, 햄'은 '육류'로 대체하면 내용을 간결하게 만들 수 있다. 그리고 마지막 문장의 '배드민턴, 농구, 달리기, 수영'도 '운동'으로 대체할 수 있다.

항목형으로 요약한 예	서술형으로 요약한 예
우리 형제는 음식 취향이 다름. - 큰형: 패스트푸드 - 누나: 채소류 ← 다이어트 중 - 작은형: 고열량 식품 - 나: 육류 ← 운동 때문	우리 형제는 음식 취향이 다르다. 큰형은 패스트푸드를 좋아하고, 누나는 채소류를 좋아하고, 작은형은 고열량 식품을 좋아한다. 나는 육류를 좋아한다.

1. 다음 글을 읽고 답하십시오.

> 미세먼지는 인체에 치명적인 영향을 끼친다. 미세먼지는 기관지 관련 질환이나 만성 폐질환이 있는 사람은 폐렴과 같은 감염성 질환을 일으킨다. 또한 미세먼지는 폐암을 발생시키며, 피부를 자극하여 아토피 등의 피부염을 유발하고, 알레르기 비염을 악화시킨다. 특히 미세먼지는 조기사망 확률도 높인다.
>
> – 한철우 외(2001)『과정중심 독서지도』중에서

1) 윗글의 주제를 쓰십시오.

항목형으로 요약하기

• 미세먼지는 인체에 치명적인 영향을 끼침.
 └→ 감염성 질환 유발, _____, _____,
   비염 악화, _____.

서술형으로 요약하기

_____

_____

_____

_____

2. 다음 글을 읽고 답하십시오.

> 백화점은 여러 층에 걸쳐 각양각색의 상품을 모아놓고 판매하는 거대한 시장이다. 그런데 백화점에서는 층마다 비슷한 종류의 물건을 모아서 판매한다. 1층에서는 화장품이나 액세서리, 시계나 지갑 같은 고가의 소품을 판매하고, 2층부터 여러 층에 걸쳐 여성복, 남성복, 아동복, 유아복, 스포츠 웨어를 판매한다. 그 위층에서는 냉장고나 TV, 오디오, 컴퓨터 등을 판매한다. 이렇게 비슷한 종류의 물건을 모아 놓으면 소비자는 자신이 사고 싶은 물건을 서로 비교해 보고 살 수 있다.
>
> – 한철우 외(2001) 『과정중심 독서지도』 중에서

1) 윗글의 주제를 쓰십시오.

2) 윗글을 토대로 다음 단어들을 하나의 단어나 표현으로 대체하십시오.

(ㄱ) 화장품, 액세서리, 시계, 지갑 →

(ㄴ) 여성복, 남성복, 아동복, 유아복, 스포츠 웨어 →

(ㄷ) 냉장고, TV, 오디오, 컴퓨터 →

항목형으로 요약하기

서술형으로 요약하기

3. 다음 글을 읽고 답하십시오.

2절 사회화에 관한 이론

1) 학문 분야별 관점

사회화에 대한 체계적인 연구는 주로 문화인류학과 심리학, 그리고 사회학 분야에서 이루어졌다.

(1) 문화인류학의 관점

문화인류학은 가장 먼저 사회화에 관심을 보였으며, 문화와 인성의 입장에서 사회화를 다루고 있다. 문화인류학자들은 인간이 태어날 당시의 백지 상태가 특정 문화에 젖어들어 동질화되는 과정을 사회화란 개념으로 포착하였다. 이러한 입장을 취한 대표적인 문화인류학자에는 미드(Mead), 사피어(Sapir), 베네딕트(Benedict) 등이 있다.

(2) 사회학의 관점

사회학적인 견지에서 바라본 사회화는 개인이 사회적으로 규정되어 있는 역할을 성공적으로 담당하게 되는 과정을 말한다. 특히 역할 이론(role theory)은 사회를 여러 가지 역할들이 유기적으로 결합된 조직체라고 보고, 개인들이 자신을 사회적으로 존재한다고 인식하는 것은 바로 이러한 조직체들 속에서 역할을 담당할 때 이루어지는 것이라고 주장한다.

파슨스(Parsons)와 인켈스(Inkeles)와 레빈슨(Levinson), 사피로(Sapiro) 등은 사회화를 특정한 역할에 부여된 사회적 기대 또는 규범을 내면화하는 과정으로 파악하였다.

사회학에서 말하는 '역할 훈련 과정'이란 개인이 사회가 부여하는 역할 기대에 부합하려는 일련의 방법을 터득하는 것을 의미한다.

(3) 심리학의 관점

심리학, 특히 사회심리학적 견지에서는 사회화란 개인과 개인, 개인과 집단 사이에서 발생하는 상호 작용이라고 규정하고, 이를 커뮤니케이션 개념으로 설명한다. 특히 쿨리(Cooley)와 미드(Mead)가 주도하는 상징적 상호 작용론에서는 인간의 사회화를 타자와 상호 작용하는 과정에서 이루어지는 현상이라고 보고, 이러한 과정에서 커뮤니케이션, 특히 제스처와 언어를 사용한 커뮤니케이션이 중요하다고 본다.

— 이동원 · 박옥희(2000) 『사회심리학』 중에서

1) 윗글의 주제를 쓰십시오.

2) 윗글의 내용을 바탕으로 하여 아래의 표를 완성하십시오.

학문 분야	대표적인 학자

3) 윗글의 내용과 일치하면 ○표, 일치하지 않으면 ×표 하십시오.

① 문화인류학에서는 최근에 사회화에 관심을 갖기 시작했고, 문화와 인성의 입장에서 사회화를 다루고 있다. (   )

② 역할이론은 개인이 사회적 조직체 속에서 담당하는 역할을 중요하게 여긴다. (   )

③ 심리학에서는 사회화를 타자와의 사이에서 발생하는 상호 작용이라고 규정하였다. (   )

④ 파슨스, 인켈스, 레빈스, 사피로는 심리학적 견지에서 사회화를 연구하였다. (   )

○ 학문 분야별 사회화

1) 문화인류학 관점

    〈개념〉 사회화는 _____

    〈관련 용어 및 이론〉 _____

    〈대표 연구자〉 _____

2) _____

    〈개념〉 사회화는 _____

    〈관련 용어 및 이론〉 역할 이론, 역할 훈련 과정

    〈대표 연구자〉 _____

3) _____

    〈개념〉 사회화는 _____

    〈관련 용어 및 이론〉 _____

    〈대표 연구자〉 쿨리(Cooley), 미드(Mead) 등

_____

_____

_____

_____

_____

_____

_____

_____

_____

제10강

글의 내용을
자신의 언어로 요약하라

10강
글의 내용을 자신의 언어로 요약하라

9강에서는 글의 주제와 관련된 중요한 부분을 골라 선택하고 주제와 관련이 없거나 반복되는 부분을 삭제한 후 나머지 부분을 정리해서 요약했다. 그런데 선택한 부분만을 그대로 정리할 경우 그 내용이 자연스럽게 연결되지 않을 때가 많다. 글을 요약할 때는 원글에서 골라낸 중요한 내용들을 자연스럽게 완결된 하나의 글로 쓰는 것이 바람직하다. 이처럼 글 전체에서 설명되는 주제를 하나의 글로 자연스럽게 표현하는 것을 '재구성'이라고 한다.

예 1

예금 이자를 계산하는 방법에는 단리 외에도 복리가 있다. 단리는 처음 저축한 금액인 원금에만 이자를 주는 방법이지만 복리는 원금에 이자가 생기면 그 이자에 대해서도 또 다른 이자를 계산하여 주는 방법이다. 복리는 초기에는 이자가 그다지 많지 않지만 어느 정도 시간이 지나 금액이 커지면 그때부터 엄청나게 많은 이자가 붙는다. 이는 작은 눈덩이를 뭉쳐 큰 눈덩이를 만들 때를 생각해 보면 쉽게 이해가 된다. 처음 얼마 동안은 내리는 눈발에 아무리 눈덩이를 굴려도 눈덩이가 쉽게 커지지 않는다. 그러나 눈덩이가 어느 정도 커지면 금세 크기가 불어난다. 처음 뭉친 작은 눈덩이를 원금이라고 치고, 그 눈덩이를 굴렸을 때 거기에 새롭게 더해지는 눈을 이자라고 생각하면 그것을 이해할 수 있을 것이다.

예 1에서 필자는 예금 이자를 계산하는 방법을 설명하고 있다. 이에 따라 독자는 중요한 부분에 밑줄을 치고, 중요하지 않거나 반복되는 부분을 삭제해 보자.

예금 이자를 계산하는 방법에는 단리 외에도 복리가 있다. 단리는 처음 저축한 금액인 원금에만 이자를 주는 방법이지만 복리는 원금에 이자가 생기면 그 이자에 대해서도 또 다른 이자를 계산하여 주는 방법이다. 복리는 초기에는 이자가 그다지 많지 않지만 어느 정도 시간이 지나 금액이 커지면 그때부터 엄청나게 많은 이자가 붙는다. 이는 작은 눈덩이를 뭉쳐 큰 눈덩이를 만들 때를 생각해 보면 쉽게 이해가 된다. 처음 얼마 동안은 내리는 눈발에 아무리 눈덩이를 굴려도 눈덩이가 쉽게 커지지 않는다. 그러나 눈덩이가 어느 정도 커지면 금세 크기가 불어난다. 처음 뭉친 작은 눈덩이를 원금이라고 치고, 그 눈덩이를 굴렸을 때 거기에 새롭게 더해지는 눈을 이자라고 생각하면 그것을 이해할 수 있을 것이다.

이제 남은 부분을 항목형으로 정리해 보면 다음과 같다.

예금 이자 계산 방법
— 단리: 원금에만 이자를 주는 방법
— 복리: 원금에 이자가 생기면 그 이자에 대해서 이자를 계산하여 주는 방법
— 시간이 지나 금액이 커지면 많은 이자가 붙음.

그런데 예 1의 주제를 다시 생각해 볼 필요가 있다. 예 1에서 필자는 예금 이자의 계산 방법 중 복리에 초점을 두고 있다. 그러므로 위의 요약 내용을 주제에 맞게 다시 표현할 필요가 있다. 요약 내용을 글의 주제에 맞게 재구성하면 다음과 같다.

복리는 원금에 이자가 생기면 그 이자에 대해 이자를 계산하는 방식으로, 시간이 지나 금액이 커지면 많은 이자가 붙는다.

일반적으로 단락은 내용이 바뀔 때마다 달라진다. 그러나 글 전체의 주제 자체가 달라지지는 않는다. 한 편의 글은 짧든 길든 하나의 주제를 드러낸다. 그러므로 여러 개의 단락으로 구성된 글을 요약할 때는 각 단락의 내용을 요약한 후 그 내용을 주제에 맞게 재구성할 필요가 있다.

임금은 인사 이동과 더불어 종업원들이 가장 큰 관심을 가지고 있는 인사 분야이다. 임금은 종업원들에게는 소득의 원천이며 노동력을 재생시키고 가족의 생계를 유지하는 수단이 되고 있다. 따라서 종업원들은 자기들의 노력에 대한 정당한 보상을 받기를 원하며 적정한 임금 수준을 원한다. 이러한 종업원들의 욕구를 충족시키기 위해서 기업은 공정한 임금이 될 수 있도록 임금 관리를 체계화하고 합리화하여야 한다.

임금은 종업원들에게만 중요한 것이 아니고 기업 측에서도 중요한 관심사이다. 기업에서 볼 때 임금은 노무비로서 제품의 원가를 결정하는 중요한 요소이고 기업의 이익과 직결되기 때문에 중요한 관심사가 된다. 따라서 임금 관리는 근로자와 기업의 양측의 입장을 종합적으로 고려하여 관리되어야 한다.

– 박련 · 김광남 · 나승화 공저(1995) 『경영학원론』 중에서

예 2는 임금에 대해서 설명하고 있다. 첫 번째 단락은 종업원의 입장에서 임금의 의미를 설명하고 있고 두 번째 단락은 기업의 입장에서 임금의 의미를 설명하고 있다. 이처럼 단락이 큰 주제로 서로 관련되어 있을 때 이 두 단락의 내용을 연결하여 한 편의 글로 다시 재구성할 필요가 있다. 우선 각 단락의 내용을 따로 요약해 보자.

1. 종업원들에게 임금이란?
  — 종업원들이 가장 큰 관심을 가지고 있는 인사 분야
  — 소득의 원천이며 노동력을 재생시키고 가족의 생계를 유지하는 수단이 됨.
  — 종업원들은 노력에 대한 정당한 보상을 받기를 원하며 적정한 임금 수준을 원함.

⇒ 이러한 욕구를 충족시키기 위해서 기업은 공정한 임금이 될 수 있도록 임금 관리를 체계화하고 합리화하여야 함.

2. 기업에서 볼 때 임금이란?
— 노무비로서 제품의 원가를 결정하는 중요한 요소임.
— 기업의 이익과 직결됨.

⇒ <u>임금은 근로자와 기업의 양측의 입장을 종합적으로 고려하여 관리되어야 함.</u>

　예 2에서 필자가 임금에 대한 종업원의 입장과 기업의 입장을 모두 제시한 것은 임금이 양측 모두에게 중요하다는 것을 보여주기 위한 것이다. 그러므로 이러한 의도가 드러나도록 요약 내용을 재구성할 수 있다. 참고로 예 2에서는 유사한 용어인 '종업원'과 '근로자'가 모두 제시되어 있으므로 '근로자'로 용어를 통일한다.

임금은 근로자와 기업 모두에게 중요한 인사 분야이다. 근로자에게 임금은 소득의 원천이며 노동력을 재생시키고 가족의 생계를 유지하는 수단이 되기 때문에 근로자들은 노력에 대한 정당한 보상을 받기를 원하며 적정한 임금 수준을 원한다. 그리고 기업에서 볼 때 임금은 제품의 원가를 결정하는 중요한 요소로 기업의 이익과 직결된다. 그러므로 임금은 근로자와 기업의 양측의 입장을 종합적으로 고려하여 합리적으로 관리되어야 한다.

바람직하지 않은 요약

- 글의 일부분을 그대로 베낀 글
- 앞뒤의 내용이 연결이 되지 않아 이해할 수 없는 글
- 필자의 생각과 달리 자신이 임의대로 원글을 해석하여 쓴 글
- 원글을 어떤 부분은 간결하게 요약하고 어떤 부분은 지나치게 세세하게 요약하여 요약한 내용이 전체적으로 균형을 이루지 않는 글

1. 다음 글을 읽고 답하십시오.

> 　노후가 되면 여러 가지 상실을 경험하게 된다. 현업에서 물러나게 되고, 친구
> 나 배우자의 죽음을 경험하게 되고, 사회적으로 고립되기도 한다. 이 때문에 쉽
> 게 우울증에 빠지기도 하는데, 반려동물을 키우는 사람은 그렇지 않은 사람에 비
> 해 정서적으로 안정되어 있으며 병원을 찾는 빈도도 현저히 감소한다고 한다.(김
> 옥진, 2011) 신체적으로 접촉하고, 쓰다듬고, 온기를 나누는 존재가 항상 함께 있
> 기 때문에 외로움을 덜 느끼게 되고, 스트레스가 완화되며, 반려동물을 돌보기 위
> 해서라도 몸을 움직이므로 식사와 청소 등의 일상생활을 규칙적으로 이어나가게
> 된다. 또 같은 동물을 키우는 사람들과 쉽게 소통할 수 있으므로 반려동물을 통해
> 좀 더 편안하고 즐거운 만남을 가질 수도 있다.
> 　　－ 장은혜(2013) 「살아있는 쓰레기, 유기동물의 보호 시스템 실태와 개선 방향」 중에서

1) 윗글의 주제를 쓰십시오.

2) 윗글에서 반려동물을 키우는 사람과 키우지 않는 사람의 차이는 무엇입니까?

> 반려동물을 키우는 사람은 그렇지 않은 사람에 비해 ＿＿＿＿＿＿＿＿＿＿
>
> ＿＿＿＿＿＿＿＿＿＿＿＿＿＿＿＿＿＿＿＿＿＿＿＿＿＿＿＿＿＿＿＿

3) 윗글의 내용과 일치하면 ○표, 일치하지 않으면 ✕표 하십시오.

① 노후가 되면 가까운 사람의 죽음과 같은 상실을 경험하게 된다. (   )

② 상실이나 고립의 경험으로 인해 우울증에 빠지기도 한다. (   )

③ 스트레스를 완화시키기 위해서는 반드시 반려동물과의 신체적 접촉을 해야 한다. (   )

④ 반려동물과의 만남은 사람들과의 소통을 대신할 수 있다. (   )

항목형으로 요약하기

• 노후가 되면 여러 가지 상실을 경험하게 됨

 - _____

 - 사회적으로 고립

  〈문제〉 _____   〈해결〉 _____

＊ 반려동물을 키우는 것

 〈치유 효과〉 ① _____

  ② _____

  ③ _____

서술형으로 요약하기

_____

_____

_____

_____

_____

_____

_____

2. 다음 글을 읽고 답하십시오.

소셜미디어는 2004년 크리스 쉬플리라는 사람이 '소셜미디어의 비즈니스'라는 제목으로 학회에 발표하면서 처음 사용한 용어다. 크리스는 발표 당시 블로깅, 위키, 소셜네트워크가 연결되어 있는 테크놀러지가 결합된 새로운 형태의 참여 미디어를 소셜미디어로 정의하였다. 이제까지 소셜미디어는 크게 세 가지로 정의되어 왔다. 첫 번째, 기술적이나 도구적인 측면을 강조하여 페이스북이나 싸이월드와 같은 소셜네트워크로 국한해 정의할 수 있다. 그러나 기구적, 도구적, 기술적 정의만으로는 소셜미디어를 정확히 이해할 수 없다. 두 번째, 인터넷상의 블로그나 커뮤니티 활동, 그리고 유튜브와 같은 사용자 생산 콘텐츠를 전달하는 미디어 도구로 해석하기도 한다. 세 번째, 소셜미디어는 새로운 스마트미디어가 가지고 있는 기능적 관점과 사용자가 이들을 이용해서 정보를 획득, 공유, 전파하는 측면 그리고 이러한 과정이 기존의 미디어가 아닌 새로운 형태의 미디어 도구를 통해 이루어지는 전 과정이라고 정의를 내리기도 한다.

이러한 세 가지 정의를 통해서 알 수 있는 것은 소셜미디어는 기술, 기법, 제도 등에 국한해서 보면 전체를 이해할 수 없다는 것이다. 만약 우리가 제도, 기법에 대해서만 생각을 한다면 소셜미디어에 있어 문화라는 측면은 간과된다. 따라서 소셜미디어는 좀 더 넓은 개념으로 봐야 되고 그렇게 볼 때 우리가 생각한 것 이상의 여러 분야에서 소셜미디어를 말할 수 있게 된다.

— 정재승 외(2014)『카이스트, 미래를 여는 명강의 2014』중에서

1) 윗글의 주제를 쓰십시오.

2) 필자가 생각하는 각 정의의 문제점은 무엇입니까?

_____ 등에 국한해서 보면 _____ 는 것이다.
만약 우리가 제도, 기법에 대해서만 생각을 한다면 _____.

3) 윗글의 내용과 일치하면 ○표, 일치하지 않으면 ✕표 하십시오.

① 소셜미디어를 기술, 기법, 제도로만 국한해서 보면 문화를 간과하게 된다. (　　)

② 소셜미디어는 콘텐츠를 전달하는 도구로 생각해야만 여러 분야에서 포괄적으로 소셜미디어를 말할 수 있게 된다. (　　)

③ 소셜미디어는 2004년 크리스 쉬플리의 논문에서 시작되었다. (　　)

④ 인터넷상의 블로그나 커뮤니티 활동, 유튜브와 같은 콘텐츠가 소셜미디어에 포함된다. (　　)

항목형으로 요약하기

○ 소셜미디어의 정의

첫째, _____ 이나 _____ 인 측면을 강조함.

_____ 국한함.

　　＊문제점: _____

둘째, _____ 로 해석함.

　　＊예: 인터넷상의 블로그나 커뮤니티 활동, 그리고 유튜브

셋째, _____ 과 _____

_____ 측면 그리고 이러한 과정이 _____ 전 과정임.

⇒ 필자의 주장: 소셜미디어는 문화라는 개념을 포함할 수 있도록 넓은 개념으로 봐야 한다.

서술형으로 요약하기

_____

_____

_____

_____

_____

3. 다음 글을 읽고 답하십시오.

　　언어는 인간이 가지고 있는 하나의 유용한 도구이다. 일반적으로 인간이 사용하는 많은 도구들은 그것이 쓰이는 용도가 있으며, 모든 용도에 쓰일 수 있는 만능의 도구는 없다. 예를 들어, 망치는 못을 박거나 빼는데 쓰이지 국을 국그릇에 담거나 밥을 푸는 데 쓰이지 않는다. 물론 어떤 물건이 전형적인 용도 이외의 목적으로 쓰이는 경우가 전혀 없는 것은 아니다. 밥이나 국을 먹는데 쓰이는 숟가락을 마이크 대신으로 붙들고 기분을 내며 노래를 할 수도 있고, 반찬을 집는데 쓰이는 젓가락으로 노래 장단을 맞추며 상을 두드릴 수도 있다. 그러나 그것은 특수하지만 어느 정도 관습적인 경우라고 볼 수도 있다. 숟가락으로 머리를 빗거나 젓가락으로 코를 후비는 것 같은 극단적인 일은 별로 없을 것이다.

　　인간이 사용하는 다른 모든 도구와 마찬가지로, 언어도 특정한 목적을 위해 사용된다. 인간 언어의 가장 큰 용도는 의사소통이다. 의사소통이란 어떤 내용의 정보를 전달하는 것인데, 언어는 모든 종류의 정보를 전달하는 데 적합하지는 않다. 언어를 이용하여 사람의 얼굴을 묘사한다고 생각해 보라. 이마가 넓고, 눈썹이 짙으며, 코고 오뚝하고, 입술이 두툼하고, 등등의 설명을 듣고 공항에 나가 모르는 사람을 찾아 마중하는 것이 그리 쉬운 일이 아닐 것이다. 찾고자 하는 사람의 사진 한 장이 수십 개의 문장으로 그 얼굴을 묘사하는 것보다 훨씬 효과적이다. 다른 예를 들자면, '원추'를 수학적으로 "원의 평면 밖의 한 정점과 원주 위의 모든 점을 연결하여 생긴 면으로 둘러싸인 입체"라고 정의하는 것보다는 실제 그 모양을 보여주는 것이 훨씬 분명하다. 또 길을 찾는 사람에게 몇 십 미터를 가서 오른쪽으로 돌고 다시 몇 십 미터를 가서 왼쪽으로 돌고 하는 식으로 말해주는 것보다는 약도를 그려 주는 것이 훨씬 효과적인 의사소통 방식이다.

　　언어가 사람의 얼굴을 묘사하거나 어떤 물체를 설명하거나 길을 가르쳐 주는 데에는 별로 효과적인 도구가 아닐지 모르지만, 추상적인 상황을 묘사하고 추상적인 생각을 표현하는 데 아주 유용한 도구이다. 인간이 학문을 하기 위해 사용하는 모든 추상적인 개념들뿐 아니라 일상생활에서도 익숙한 사랑, 행복, 정 등의 추상적인 개념들을 언어 아닌 다른 수단으로 표현하는 것을 상상하기 힘들다. 언어의 부정(negation) 표현은 언어의 효용성을 특히 잘 보여 주는 예이다. '아이 옆에 호랑이가 있다'라는 표현 대신에 그림으로 그러한 상황을 보여 주는 일은 그렇게 어렵지 않을 것이다. 하지만 '아이 옆에 호랑이가 있지 않다'라는 부정 표현을 그림으로 나타내려고 해 보라. 어떤 그림을 그려야 할지 생각이 떠오르지 않을 것이다. 부정 표현이 아니더라도 '나는 배가 아프다', '신애가 똑똑하다', '철수가 선생님을 존경하면서도 미워한다'처럼 그림으로 표현하는 것이 어렵거나 불가능한 문장들이 무수히 많다.

한 마디로 말해서, 언어는 만능의 도구가 아니지만, 추상적인 것을 기술하고 전달하는 데 특별히 유용한 도구이다.

– 강범모(2006) 『언어 – 풀어쓴 언어학개론』 중에서

1) 윗글의 주제를 쓰십시오.

2) 윗글의 내용과 일치하면 ○표, 일치하지 않으면 ✕표 하십시오.

① 언어는 보편적 특성을 지닌다. (　　)

② 언어는 의사소통을 목적으로 사용된다. (　　)

③ 언어는 얼굴을 묘사하는 데는 유용하지만 수학 용어를 정의하는 데는 부적합하다. (　　)

④ 부정 표현은 언어의 자의성을 보여주는 예이다. (　　)

〈1문단〉 언어는 _____ 중 하나.

⟫ 그런데 모든 도구는 _____ 가 있음.

〈2문단〉 언어의 가장 큰 용도 — _____

어떤 내용 정보를 전달하는 것 ⟫ 그런데 _____ !!!

＊언어가 유용하지 않은 예: _____

〈3문단〉 언어가 유용한 예 1: _____

〈4문단〉 _____ 임.

4. 다음 글을 읽고 답하십시오.

Ⅵ. 시대성과 유행현상

1. 시대별 사회와 문화의 역사

1920년대는 디자인 혁명의 시기였다. 모더니즘 디자인 운동은 기계화, 표준화, 대량 생산의 이념과 밀접한 관계를 가졌을 뿐만 아니라 현대 세계의 물질적인 외관과 이러한 세계에 살고 있는 사람들의 생활양식을 합리적으로 바꾸고자 하는 새로운 개념의 이데올로기와 밀접한 관계가 있었던 근대화 운동이었다. 반면 1929년 가을 뉴욕 증권 시장이 붕괴함으로써 세계 경제공황이 시작되어 세계 강대국에서 실업사태가 생기고 위기의 징조가 보이기 시작했다.

1930년대는 1929년의 대공황에 연장선인 경제 불황의 시기였다. 그리하여 기업들과 생산자들은 기존의 방식을 탈피한 새로운 방식의 경영을 하려 노력했다.

1940년대는 제 2차 세계대전이 발생했던 시기이다. 이 전쟁 이후 미국은 세계에서 가장 강력한 국가가 되었고, 다른 나라의 공업생산은 전쟁 전의 수준을 밑돌았으나, 미국의 공업 생산은 5%가 증대하여 세계 공업생산의 절반을 차지하였으며 유럽 전체 생산고의 3분의 1을 차지했다.

1950년대는 문화의 상업화 시대이다. 미국은 전쟁에서의 승리와 함께 획일화된 사회에서 탈바꿈하기 시작했고, 미국에서 최초의 컬러텔레비전이 등장하여 음악과 영화 산업, TV광고 등 대중매체의 발달은 더욱 가속화 되었다. 또한 당시 Rock & Roll의 등장으로 재킷과 스커트, 재킷과 팬츠 등의 조화가 인기 있었다.

1960년대는 반디자인 운동과 복고주의가 강렬했던 시대이다. 젊은이들은 사회에 저항 정신을 나타내려 하였고 반체제사회와 새로운 이상을 추구하려 하였다.

1970년대는 자연으로 돌아가자는 운동과 여성운동 등의 확대에 영향을 받았다. 1970년대 초 판탈롱 스타일의 패션이 주를 이루었다. 1976년경에는 반항적으로 파괴적이며 불쾌감을 자극할 정도의 공격적인 반체제가 확산되었다.

1980년대는 무역의 전쟁인 시기였다. 무역의 성생으로 인해 다양한 제품과 스타일이 수입, 수출, 도입이 되어 다원주의의 시대였다. 또한 엘리트주의에 대한 반동이 나타나 지저분하고 자유로운 디자인 스타일이 대거 등장하였다.

1990년대는 정보화, 국제화, 세계화 시대였다. 세계화로 인해 국가와 문화에 구속받지 않고 순식간에 세계인이 함께 공유를 하는 것이 일상이었다. 무수한 미디어와 정보 가운데서 자신만의 스타일을 선택하고 재창조하는 능력이 요구되었다. 또한 복고에 대한 향수, 재창조가 나타났고, 1990년대 후반에는 힙합음악과 미니멀리즘이 폭발적인 인기를 끌었다.

2000년대는 1990년대 보다 훨씬 더 다양한 제품들과 디자인, 스타일 등이 등장한다. 이전보다 다원주의 경향이 심화되고 일시적으로 유행하였다가 사라진 것들도 다시 등장하곤 한다. 또한 메트로 섹슈얼(metro sexual)의 등장으로 남성이 점점 여성화되는 경향이 강해진다. 다양한 매체들로 인해 영화배우, 가수 등의 스타들과 친근함을 느껴 그들의 스타일에 쉽게 접근할 수 있고 모방하는 현상도 더욱 심해졌다. 이로 인해 명품을 추구하는 경향도 붐을 일으킨다.

- 안지은(2010) 「유행의 장기화 현상에 관한 연구」 중에서

1) 윗글의 주제를 쓰십시오.

2) 윗글의 내용과 일치하면 ○표, 일치하지 않으면 ✕표 하십시오.

   ① 1950년대는 음악과 영화 산업, TV광고 등 대중매체가 급속히 발달하면서 문화가 상업화된다. (   )

   ② 1970년대는 반디자인 운동과 복고주의가 강렬했던 시대로 판탈롱 스타일의 패션이 인기가 있었다. (   )

   ③ 1990년대는 수많은 미디어와 정보 속에서 자신만의 스타일을 선택하고 재창조하는 능력이 요구되었다. (   )

   ④ 2000년대는 복고에 대한 향수, 재창조가 나타나면서 명품을 선호하는 붐이 일어났다. (   )

1920년대

1930년대

1940년대

1950년대

1960년대

1970년대

1980년대

1990년대

2000년대

5. 다음 글을 읽고 답하십시오.

환율이 뛰면 물가도 뛰나?

환율이란 서로 다른 나라에서 발행한 돈(통화)를 바꿀 때 적용하는 교환율(exchange rate)이다. 환율도 물가에 큰 영향을 미친다.

수입상품 대금을 치르려고 원화로 달러를 산다 하자. 환율이 달러당 1000원일 때 1달러를 사려면 1000원을 내줘야 한다. 그런데 환율이 달러당 800원으로 떨어지면 800원만 내주면 된다. 원화로 따지면 수입 상품 가격이 싸지는 셈이다.

환율이 오르면 정반대 결과가 생긴다. 달러당 1000원 하던 원화 환율이 1100원으로 오르면 1달러를 사는 데 100원씩 더 든다. 이런 경우 수입품 가격은 달러 표시로는 전처럼 1달러라도 원화로는 100원이 뛰게 된다.

환율이 수입상품 가격을 움직이고 환율 변동에 따른 가격 변화가 여러 상품으로 확산되면 궁극적으로 물가도 움직인다. 환율이 물가를 움직이는 것이다.

실제로 우리나라는 1997년 외환위기와 2008년 미국 경제위기 때 달러 대비 원화 환율이 급등하는 바람에 수입 물가는 물론이고 물가 전반이 폭등하는 경험을 했다.

2008년 가을 미국에서 경제위기가 발생하자 달러당 1000원 정도였던 달러 환율이 단 몇 달 새 1500원을 넘어서면서 국내 물가를 급등시켰다.

당시 해외에서 원자재를 사들이던 국내 제조업체는 영업에 큰 영향을 받았다. 식료품 제조업체는 완제품 생산에 필요한 밀가루나 설탕 등 원재료를 거의 100% 수입하는데 환율이 뛰면 수입 재료의 값이 뛰므로 완제품 판매가를 올리지 않을 수 없다. 환율이 뛰고 → 수입 원자재 가격이 뛰고 → 수입 재료로 만드는 국내산 완제품 판매가가 뛰면서 → 물가도 뛰는 구조다.

1997년 외환 위기 때도 환율이 폭등하면서 물가가 치솟아 산업과 국민 생활 전반이 어려움을 겪었다.

원유 값이 떨어지면 물가도 떨어지나?

원유는 천연 생산되어 액체 상태로 땅속을 흐르는 탄화수소 혼합물이다. 파내서 정제하면 경유, 등유, 휘발유(가솔린), LPG, 중유 등 특성이 다른 여러 가지 유제품을 만들어낼 수 있는데, 이것들을 통칭 석유라 한다. 석유를 원료로 만드는 제품은 석유제품이라 한다.

석유제품은 자동차, 비행기, 배 등 교통수단을 움직이는 필수 동력원(에너지원)이 된다. 공업제품 생산과정에서 재료, 원료, 용제(solvent), 에너지원으로 광범위하게 쓰이며, 생활용품 생산재료와 가정용 연료로도 널리 쓰이는 등 경제생활에 필수적인 상품이다.

사용 범위가 워낙 넓다 보니 원유 시세 변동은 다른 어떤 재화보다 물가에 큰 영향을 미친다. 원유 값이 오르면 석유제품 등 원유와 직간접적으로 관계있는 상품이 잇달아 값이 뛰고, 나중엔 원유 값과 직접 상관없는 상품까지 값이 뛴다. 같은 이치로 원유 값이 떨어지면 다른 상품 값도 떨어진다.

특히 우리나라는 원유 전량을 수입하고 보통 때 석유 수입에 전체 상품 수입액의 4분의 1을 쓰기 때문에 유가 변동이 물가에 미치는 영향이 크다. 원유 값이 떨어지면 물가도 따라서 떨어지고, 유가가 뛰면 물가도 뛴다. 원유 값이 비싸지면 수입이 줄어 물가에 미치는 영향이 약해지지 않겠느냐고 생각할 수도 있다. 하지만 원유는 값이 비싸져도 수입을 줄이기가 어렵다.

– 곽해선(2015) 『경제기사 300문300답』 중에서

1) 윗글의 주제를 쓰십시오.

2) 윗글의 문맥을 활용하여 다음을 설명하십시오.

- 환율:
- 석유:

3) 내용과 일치하면 ○표, 일치하지 않으면 ✕표 하십시오.

① 환율이 오르면 국제 완제품 판매가격도 상승한다. (　)

② 물가는 환율의 변동과 원유가의 변동에 영향을 받는다. (　)

③ 원유 시세가 국내 물가에 미치는 영향은 미미하다. (　)

④ 환율의 하락은 석유제품의 가격의 하락의 직접적인 원인이다. (　)

항목형으로 요약하기

○ 물가 변동의 원인: (a) _____ , (b) _____

1. 환율: _____

〈환율과 물가의 관계〉 환율 상승 ⇨ _____

→ _____ ⇨ 물가 변동

2. 원유: _____

• 석유 제품의 쓰임: (a) _____ , (b) _____

(c) _____

〈원유가격과 물가의 관계〉 원유가 상승 ⇨ _____

→ _____ ⇨ 물가 변동

서술형으로 요약하기

_____

_____

_____

_____

_____

_____

_____

6. 다음 글을 읽고 답하십시오.

선영 그동안 우리나라는 다른 문화를 가진 이주민들을 인위적으로 우리 문화 안으로 흡수시켜 왔습니다. 다른 나라에서는 어땠을까요? 다문화사회로 나아갈 때 가장 참고할 만한 나라는 역사적으로 많은 이주민 정책을 만들고 시행해오며 시행착오를 겪은 미국일 것입니다. 〈중략〉 물론 역사적으로 볼 때 미국과 우리나라는 소수민이 유입된 배경과 과정이 다릅니다. 경제적으로 한 데 섞이는 문화를 조성할 수 있는 여력도 다르고요. 하지만 서로 다른 문화를 인정하고 관용한다는 부분에서 우리가 본받을 점이 있다고 생각합니다.

현석 한 나라가 역사적으로 어떻게 이민을 겪어왔는지도 생각해 볼 필요가 있습니다. 사실 미국은 대단히 예외적인 경우에 해당합니다. 〈중략〉 미국은 다인종, 다문화와 관련해 오래된 역사를 가지고 있습니다. 하지만 한국에서 다문화사회에 대해 진지하게 이야기해야 할 만큼 이주민의 숫자가 늘어난 것은 매우 최근의 일이죠. 〈중략〉 우리나라가 꼭 다른 다문화 사회들의 모습을 따라야 할 필요는 없다고 봅니다.

다빈 맞습니다. 다른 국가들의 다문화정책을 무조건 모방할 필요가 없어요. 다문화의 물결은 막을 수 없는 것도 아니고 꼭 받아들여야만 하는 것도 아닙니다. 주권을 가진 모든 국가의 정부는 그 나라에 어떤 사람들이 얼마나 들어올지 결정할 수 있는 권리가 있습니다.

확실하게 대책도 미리 세우지 않고 빠른 속도로 다문화사회가 진행되면 오히려 사람들에게 이민자나 외국인 노동자에 대한 악감정을 불러와 이민자 등을 위한 제도 마련에 걸림돌이 될 수도 있습니다. 예를 들어 북유럽 확실하게 대책도 미리 세우지 않고 빠른 속도로 다문화사회가 진행되면 오히려 사람들에게 이민자나 외국인 노동자에 대한 악감정을 불러와 이민자 등을 위한 제도 마련에 걸림돌이 될 수도 있습니다. 북유럽 국가들은 70년대에서 80년대 초부터 인도주의 정신을 기반으로 많은 이민자와 난민들을 받아들였습니다. 하지만 막상 도착한 이주민들은 일자리를 구하지 못해서 국가에 기대어 살아갈 수밖에 없게 되었죠. 스웨덴으로 온 미숙련 이주민들 중에서 일자리를 구한 사람들은 51%뿐입니다. 게다가 이들 이주자들이 번 돈은 스웨덴 사람들에 비해 평균 36% 정도로 낮아요. 이로 인해 많은 사회적 갈등이 발생했습니다. 〈중략〉 반면 덴마크는 1999년에 이민정책을 크게 수정했습니다. 미숙련·이주노동자들의 유입을 억제하고 숙련 이주노동자들을 선별하여 받아들이는 정책을 폈습니다. 여기에 힘입어 원래 덴마크 사람들과 비서구권 미숙련 이주민의 취업률 차이는 90년대에 42%에 달하던 것이 최근에는 24%까지 감소했습니다. 결국 이주민들이 차별을 받지 않고 진정한 인권을 누릴 수 있는 가장 쉽고 확실한 방법은 '이주 자체를 능력에 따라 제한하는 것'입니다.

– 정광욱 외(2015)『서울대인권수업』중에서

1) 윗글은 무엇에 대한 토론입니까?

2) 윗글의 내용과 일치하면 ○표, 일치하지 않으면 ×표 하십시오.
   ① 미국의 다문화정책은 여러 번의 실패를 겪었다. (   )
   ② 스웨덴은 미숙련 이주민들 중 대다수의 사람이 구직에 성공했다. (   )
   ③ 덴마크는 1999년 이주 능력에 따라 이주민을 제한하는 정책을 폈다. (   )

3) 위에서 제시된 세 사람의 주장에 대해 자신의 의견을 말하십시오.

- 선영

  주장: 다른 문화를 인정하고 관용하는 미국의 사례를 배우자.

  근거: _____

- 현석

  주장: _____

  근거: _____

- 대민

  주장: _____

  근거: 이주민 정책이 성공한 사례(덴마크)와 실패한 사례(스웨덴)

내용을 토대로 글 쓰기

_____

_____

_____

_____

_____

_____

_____

_____

_____

_____

_____

참고 문헌

참고 문헌

강범모(2006),『언어-풀어쓴 언어학개론』, 한국문화사, 19쪽, 31~33쪽.

곽해선(2015),『경제기사 300문300답』, 동아일보사, 115~118쪽.

김경원 외(2006),『국어실력이 밥 먹여준다』, 유토피아, 207~208쪽.

김대식 · 노영기 · 안국신 공저(2003),『현대경제학원론』, 박영사, 14쪽.

김범묵 · 윤영아(2011),『소통을 꿈꾸는 토론학교 사회 · 윤리』, 우리학교, 117~119쪽.

김보규 외(2015),『스무살, 세상을 만나다』, 우리학교, 44~45쪽.

김상조(2001),『손바닥경제』, 살림, 18쪽.

김소월(1922),「진달래꽃」,『개벽』 25호.

김영해 · 이철호 · 홍성엽 공저(2010),『생활과 과학』, 자유아카데미, 90쪽.

김원수(1995),『인간욕구와 신상품 개발』, 경문사, 211쪽.

김종명 공저(2009),『설득의 비밀』, 쿠폰북.

노상도 외(2015),『과학기술 글쓰기』, 성균관대출판부.

마빈 해리스 저, 박종렬 역(2000),『문화의 수수께끼』, 한길사, 3~4쪽.

박경철(2011),『(시골의사 박경철의) 자기혁명』, 리더스북, 111쪽.

박련 · 김광남 · 나승화 공저(1995),『경영학원론』, 정문출판사.

쇼펜하우어 저, 최현 역(1997),『쇼펜하우어 인생론』, 범우사, 172쪽.

신영복(1993),『감옥으로부터의 사색』, 돌배개, 193쪽.

안지은(2010), 「유행의 장기화 현상에 관한 연구」, 이화여자대학교 석사학위논문, 50~51쪽.

앨빈 토플러 저, 김중웅 옮김(2006), 『앨빈 토플러의 부의 미래』, 청림출판, 186쪽.

양난미(2009), 「대학생 문제음주와 데이트폭력의 관계에서 특성분노의 매개 효과」, 『상담학연구』 10-4호, 25~49쪽.

오은주(2013), 「대학생들의 과제표절 실태와 인터넷 정보윤리의식에 대한 인식 조사」, 『사고계발』 9권 3호, 163~184쪽.

오종우(2015), 『예술수업』, 에크로스, 217~218쪽.

원종우(2014), 『태양계 연대기』, 유리창, 31~32쪽.

윤경로(1998), 『역사란 무엇인가』, 한국기독교역사학회, 30호, 45~49쪽.

이광주(2013), 『대학의 역사』, 살림, 35~36쪽.

이동원·박옥희(2000), 『사회심리학』, 학지사, 73-75쪽, 103쪽.

이명천·김요한 공저(2011), 『PR입문』, 커뮤니케이션북스, 1~2쪽.

EBS지식채널e(2008), 『지식e』2, 북하우스, 52쪽.

이어령(2013) 『젊음의 탄생』, 생각의나무, 230~231쪽.

이영직(2010), 『세상을 움직이는 100가지 법칙』, 스마트비즈니스.

이용배(2003), 『애니메이션의 장르와 역사』, 살림, 64쪽.

장승옥 외(2011), 『사회복지의 이해』, 청목출판사, 192쪽.

장예진, "고등, 대학생 카카오톡 얼마나 하나", 〈연합뉴스〉, 2013.7.30.일자

장은혜(2013), 「살아있는 쓰레기, 유기동물의 보호 시스템 실태와 개선 방향: 대구광역시를 중심으로」, 경북대학교 석사학위논문, 16쪽.

장천복(2007), 「청년실업의 실태, 원인 및 대책에 관한 연구」, 원광대학교 석사학위논문, 11쪽.

장하준(2014), 『그들이 말하지 않는 23가지』, 부키.

전경수(2013), 『문화의 이해』, 일지사.

전은진(2012), 「대학생 말하기 교육의 현황과 개선 방안」, 『인문과학연구』 32호, 186쪽.

정광욱 외(2015), 『서울대인권수업』, 미래의창, 128~135쪽.

정미경 외 저(2009), 『심리학개론』, 양서원.

정재승 외(2014), 『카이스트, 미래를 여는 명강의 2014』, 푸른지식, 108~111쪽.

조자영(2010), 「영화 Blue에서 블루의 색채 치유 효과 연구」, 한양대학교 교육대학원
    석사학위논문, 19쪽.

최재천(2010), 『당신의 인생을 이모작하라』, 삼성경제연구소, 138~141쪽.

한국스포츠사회학회 편(2012), 『스포츠와 사회이론』, 레인보우북스, 24~25쪽.

한철우 외(2001) 『과정중심 독서지도』, 교학사, 318쪽.

황신웅(2014), 『스토리텔링, 교육을 아우르다』, 성균관대학교출판부.

〈자료〉
성균관대학교 홈페이지 학과 소개
한국어능력시험 22회, 23회, 24회, 26회 고급 읽기
Naver 검색 결과 창

사고력을 키우는
읽기의 기술

초판 1쇄 발행 2020년 4월 17일
초판 7쇄 발행 2024년 8월 31일

지은이 김경훤·김희경·홍은실·오광근·유하라·현원숙
펴낸이 유지범
펴낸곳 성균관대학교 출판부
책임편집 신철호
편집 현상철·구남희
외주디자인 아베끄
마케팅 박정수·김지현

등록 1975년 5월 21일 제1975-9호
주소 03063 서울특별시 종로구 성균관로 25-2
대표전화 (02)760-1253~4
팩시밀리 (02)762-7452
홈페이지 press.skku.edu

ISBN   979-11-5550-181-8 14710
           979-11-5550-162-7 (세트)